クラシック名盤復刻カタログ

松本大輔

青弓社

クラシック名盤復刻カタログ◉目次

装丁――和田悠里
本文組版――山田信也［ヤマダデザイン室］

まえがき

びっくりしました。前作から10年近くが経過していたのです。

みなさま、お久しぶりです。アリアCDの松本大輔です。

本書は、半世紀以上前に生まれたSPやLPのすばらしい名演を紹介したもので、2015年に出した『クラシック名盤復刻ガイド』（青弓社）の続篇にあたります。

それで、今回この続篇を書くにあたって久しぶりに前作を読んでみたのですが、その本が出たのが10年近くも前だということを知ってびっくりしたわけです。感覚的には2、3年前の感じだったのですが。

時間の早さを痛感し、そしてそのすぐあと心に湧き上がったのが、このおそるべき10年に対する戦慄。

10年前は、2回の大きな震災を経験しても、まだ日本人の心には「まだやれる」「まだがんばろう」という未来に対する明るい希望がありました。

しかしあれから10年。人類史に刻まれるすさまじいパンデミック、まさかの大国主導の大戦争、暗殺事件、政治に対する極度の不信感、驚異の円安、経済力の衰退、そうしたものがじわじわとわれわれの心をむしばみ、かつてあれほど強靭でしたたかでさえあったわれわれの未来への希望をそぎ落としていきました。

前作を書いたときは、「激動の時代」は遠い過去の話として語られ、そういう時代に残された音楽を一種懐古趣味として楽しむ心の余裕がありました。でも、もういまは違います。われわれは、半世紀前と変わらない「激動の時代」、あるいはその「前兆の時代」に放り込まれ、嵐のなかの木の葉のように、濁流のなかの子犬のように、なすすべもなく時代にもてあそばれています。未来はどんより暗く、日々生きることの意味もよくわからなくなってきています。

本書は半世紀前のすばらしい名演を紹介した本ですが、私は今回、それらの名演に触れながら思ったんです。

ここに登場する芸術家たちは、自分たちの音楽を生み出すために、なんとギラギラ、ガリガリ、バリバリ貪欲に生きていることか。それはもう、ものすごいエネルギー。なんというか、生きようというエネルギーがすごいんです。

この人たちが生きていたのは、私たちが直面しているいまよりも、さらにすさまじいとんでもない時代でした。でも彼らはそんな激流にもまれながらも決してひるむことなく、希望と野心と意欲をもって、前を向いて生きています。そしてそれが音楽として発出し、いま聴いているわれわれの心にも伝わってくる。本当にドクドクと伝わってくる。

この生きようとする欲望、何かをつかもうとする野心、前を向いて進もうという意志。

本書を読んでいくつかの演奏を聴けば、大演奏家たちが発したそうしたエネルギーをきっと受け取ることができるような気がします。そしてそれは、いまの時代を生きるわれわれに最も必要なものではないかと思うのです。

フルトヴェングラー、
人生が大きく変わる直前の演奏

フルトヴェングラー＆ベルリン・フィル
ベートーヴェン『交響曲第5番「運命」』（1937年）

ヴィルヘルム・フルトヴェングラー、1937年の『交響曲第5番「運命」』。

その2カ月前。オーストリアのザルツブルクで出くわしたアルトゥーロ・トスカニーニとフルトヴェングラーは論争になる。

トスカニーニはその年のザルツブルク音楽祭への出演を、「フルトヴェングラーと顔を合わせない」ことを条件にOKしていた。ザルツブルク音楽祭は反ナチスの砦なのに、そこに「ナチスの手先」とおぼしきフルトヴェングラーが登場することがトスカニーニには我慢ならなかったのだ。

ところが、そんな状況のなかで、その2人が顔を合わせてしまったのである。

「ナチスが支配する奴隷の国ドイツで演奏しているあなたが、どうして自由の国で演奏するのか。そんなことは許されない」と言うトスカニーニ。

それに対してフルトヴェングラーは答える。「音楽家にとっては、自由な国も奴隷の国もない。ワーグナーやベートーヴェンが演奏される場所では人間は自由なはず」

結局、両者がわかりあうことはなかった。そして翌年、オーストリアはドイツに併合され、ザルツブルク音楽祭もまた「ナチスの砦」になる。

この当時、演奏家はみな「誰のために演奏するのか」、そして「どんな行動をとるのか」という選択を強く迫られていた。

フルトヴェングラーに限っていえば、まだコンサート会場でナチスの旗を無理やり降ろさせても（1938年、ウィーン）殺されはしないギリギリの状況だった。トスカニーニの前でそうしたよう

に、まだ自らを「音楽の高潔な使者」として主張しえた時代だった。

しかしその後ユダヤ人大量虐殺が開始され、1939年には第2次世界大戦が始まる。そして、あの「K」と呼ばれた男「ヘルベルト・フォン・カラヤン」も間もなくフルトヴェングラーの前に姿を見せることになる。

フルトヴェングラーはこのあと大きな時代の波にのみ込まれていく。この1937年の『運命』は、その直前の演奏というわけである。

この『運命』は、戦前のフルトヴェングラーの代表的な演奏として非常に有名だが、スタジオ録音、しかもSP録音ということで、その後の演奏に比べて必要以上に整いすぎているといわれる。だが店主はここに、これから怒濤のように押し寄せる新たな「運命」を前に本能的に身構えるフルトヴェングラーの緊張感のようなものを強烈に感じるのである。

ちなみに音がすごい。

1937年の『運命』はこれまで多くのCDがリリースされていて、BIDDULPH、TAHRA、OPUS蔵などのすばらしい音質を誇るレーベルが名を連ねている。IDISやDANTEも結構がんばっていた。

しかし、このアリア・レーベルも悪くない。負けていない。SP録音の深くて重みがある「音」がズリズリと響いてきて頬ずりしたくなるほど。SP特有のノイズは前記既発盤のどれよりも大きいが、その欠点を上回る強烈な存在感。黒々とした「音」がノイズを突き抜けて出てくる。ARDMOREの復刻、大成功である。「音」が太いのだ。『運命』と一緒にリヒャルト・ワーグナーの2曲が入っているが、とくに「ジークフリートの葬送行進曲」が強烈。大蛇がうごめくようなおそるべき低音、迫力、エネルギー。SPの情報量の多さに驚きを禁じえない。

AR 0062
①ベートーヴェン『交響曲第5番「運命」』
②ワーグナー楽劇『トリスタンとイゾルデ』より「第1幕への前奏曲」と「イゾルデの愛の死」
③ワーグナー楽劇『神々の黄昏』より「ジークフリートの葬送行進曲」
ヴィルヘルム・フルトヴェングラー指揮、ベルリン・フィルハーモニー管弦楽団
原盤：①78rpm VSM DB3328/32 フランス盤SP使用（matrix〔第6面第3楽章前半〕2RA2340-1A 、matrix〔第7面第3楽章後半と第4楽章前半〕2RA2341-3A）、②78rpm HMV DB3419/20、③78rpm GRAMMOPHON 67054 matrix 733BE 、734 1/2BE1
録音：①1937年11月3日、モノラル、②1938年2月11日、モノラル、③1933年11月、モノラル

フルトヴェングラーが生きていたときのベルリン・フィル最後の録音

ヨッフム＆ベルリン・フィル
ベートーヴェン『交響曲第4番』（1954年）

次に取り上げるのはオイゲン・ヨッフムとベルリン・フィルハーモニー管弦楽団によるルートヴィヒ・ヴァン・ベートーヴェン『交響曲第4番』（ベルリン・フィル、1954年11月、モノラル）。これがなんともいわくつきの演奏なのである。

ヨッフムはベートーヴェンの『交響曲全集』を3回録音している。

①ドイツ・グラモフォン（DG）（1952-61年）、ベルリン・フィルハーモニー管弦楽団＆バイエルン放送交響楽団
②PHILIPS（1967-69年）、アムステルダム・コンセルトヘボウ管弦楽団
③EMI（1976-79年）、ロンドン交響楽団

このベルリン・フィルとの『第4番』は1954年の演奏なので、時期的にみて当然、前記第1回のDG全集（1952-61年）に入っているかと思うと……違うのである。第1回全集に入っている『第4番』は1961年1月の演奏なのである。

ああ、なるほど、7年後にもう一回ステレオで録音しなおしたんだな、と。

でも、この1回目の全集にもモノラル録音の曲はいっぱいあるのに、どういうわけかこの『第4番』だけステレオで再録音してそれを収めている。その結果、この1954年11月のモノラル録音は取り残されて忘れられ、その後まったく日の目を見なくなってしまった。少なくともCDで見たことはない。だからヨッフム・ファンにとっても、50年代のベルリン・フィルを追いかけているオーケストラ・ファンにとっても、なかなか聴けない録音になってしまった。いわば幻の録音なわけである。

そしてさらにこの録音、長い間録音年月日がはっきりしていなかった。1970年代の「レコード芸術」（音楽之友社）では「不詳」、HUNTのカタログでは「1956年11月」、音楽之友社の『ドイツ・グラモフォン完全データ・ブック』（〔ONTOMO MOOK〕、1998年）では「1956年録音・1956年3月発売」というかなり無理な記録になっている。

ところが、最新の研究であるマイケル・グレイ編の「ベルリン・フィル・ディスコグラフィ」（『クラシックプレス』第4巻、2000年秋号〔CDジャーナルムック〕所収、音楽出版社、2000年）で、「1954年11月16-19日」という詳細な日にちが出てきた。

ヨッフムとベルリン・フィルは、その数日前に『交響曲第6番「田園」』やヨハネス・ブラームスの『ピアノ協奏曲第2番』を録音しているので、この日付はきわめて信憑性が高い（逆に1956年11月の前後には、ヨッフムはベルリン・フィルにまったく登場していない）。

そして、もしこの録音が1954年11月16-19日だとすると……

すぐに頭に思い浮かぶのはフルトヴェングラーが亡くなった日。それは約2週間後の11月30日。ベルリン・フィルでは、54年11月19日からフルトヴェングラーが亡くなった11月30日までの録音は残っていない。とすると、これはフルトヴェングラーが生きていたときの、最後のベルリン・フィルの演奏録音ということになる。なにもこの『第4番』が、「フルトヴェングラーの死を予感したベルリン・フィルの人々による壮絶なる演奏」というつもりはない。団員たちにフルトヴェングラーの入院は伝えられていただろうが、その死は唐突だったと多くの人が語っているからだ。しかしただいえるのは、この演奏のときはまだフルトヴェングラーが生きていたということ。フルトヴェングラーがベルリン・フィルの団員たちとともに生きていたということ。団員たちはフルトヴェングラーの思いを胸に演奏していたということ。

ベルリン・フィルにとって、これ以降の録音は、フルトヴェングラーがいない世界での演奏になるのである（ちなみにこの次の録音はイーゴリ・マルケヴィチのワーグナー、フランツ・シューベルト〔アリア・レーベル ARIA AR 0048、「まるで妖しい美少年のよう」、拙著『クラシック名盤復刻ガイド』青弓社、2015年、140ページ〕）。

ただそんなことを知らなくても、この演奏を聴けば、あなたはきっと、この演奏の背後に偉大なる巨匠の姿を見ることだろう。

ヨッフムの後ろに、フルトヴェングラーがいるのである。

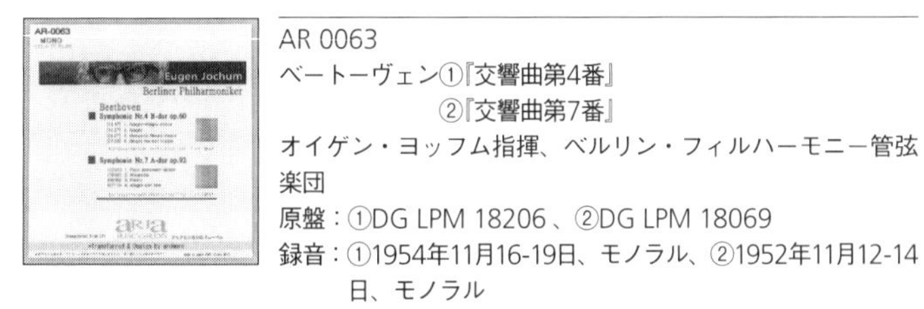

AR 0063
ベートーヴェン①『交響曲第4番』
②『交響曲第7番』
オイゲン・ヨッフム指揮、ベルリン・フィルハーモニー管弦楽団
原盤：①DG LPM 18206、②DG LPM 18069
録音：①1954年11月16-19日、モノラル、②1952年11月12-14日、モノラル

フルトヴェングラー最初の『運命』、そして1929年の『アリア』

フルトヴェングラー＆ベルリン・フィル
ベートーヴェン『交響曲第5番「運命」』(1926年)
バッハ『G線上のアリア』(1929年)

この盤から得られるものは少なくないと思う。

1922年、フルトヴェングラーはアルトゥール・ニキシュの後任として、ライプツィヒ・ゲヴァントハウス管弦楽団とベルリン・フィルの首席指揮者になる。

すでにそれ以前からマンハイム、ウィーン、ベルリン、ライプツィヒ、ハンブルク、フランクフルト、ストックホルムなど各都市で活躍をみせていたフルトヴェングラーだが、この2つのポストを得たことで間違いなくヨーロッパ最高の指揮者の一人になった。

さらに続いてアムステルダム・コンセルトヘボウ管弦楽団、ミラノ・スカラ座管弦楽団、ロイヤル・フィルハーモニー管弦楽団とも共演。1925年にはついにアメリカに進出、ニューヨーク・フィルハーモニックでは予想どおりの人気を博し次期常任指揮者とも噂された。その地位は社交に不慣れなせいもあってトスカニーニに譲ったが、27年、再びヨーロッパに腰を落ち着けるや否や今度はウィーン・フィルハーモニー管弦楽団から首席指揮者を依頼され受諾。さらにウィーン国立歌劇場からも音楽監督を打診される。引っ張りだこなんてものではない。

世界の音楽界は完全にフルトヴェングラーを中心に回り始めていた。

ウィーンの申し出に慌てたベルリンは、フルトヴェングラーをウィーンに横取りされないようさまざまな条件を出して奪還。ここでフルトヴェングラーはベルリン市の音楽監督になる。さらにバイロイト音楽祭も、日の出の勢いのこの男を音楽監督として迎える。

この時期は、まだナチスが台頭する前。もちろんあの「K」という男も現れていない。ニューヨークでもライプツィヒでもウィーンでもバイロイトでも、いざこざはあったにせよ、フルトヴェングラーは音楽だけに心を向けていればよかった。

その後フルトヴェングラーが背負うことになる悲痛な十字架は、このときにはまだ片鱗もなかった。この1922年からの10年はフルトヴェングラーが最も幸せだった時期といっていい。

そんな時期に、もう一つ注目すべき出来事があった。初録音である。1926年。カール・マリア・フォン・ウェーバー『魔弾の射手』序曲。そしてそれに続いて録音されたのがベートーヴェンの『運命』。繰り返しの省略はあるにせよ、全曲である。

このあとフルトヴェングラーは1929年まで録音に手を出さない。再開してからも録音するのは小品ばかりで、37年まで交響曲全曲には手をつけていない。

なのでこの1926年の『運命』全曲録音というのは、フルトヴェングラーの録音のなかでもきわめて異例な存在であることがわかる。残されたこと自体が奇跡ではないかとさえ思う。

光学式録音だったために、楽章をぶつ切りにせず通しで収録することができた。その半面、その方式はあまり音質がよくないためすぐに採用されなくなったともいわれている。しかし、いずれにせよこれがフルトヴェングラーが残した栄えある交響曲録音の最初のもの。40歳になるかならないかで当時の指揮界の覇王になった男が残したエネルギッシュな『運命』。

そしてナチスが現れる前、唯一残した交響曲の全曲録音。突出して早い時期に残された奇跡的な交響曲全曲録音。これを聴かずにフルトヴェングラーを語るわけにはいかない。フルトヴェングラーの輝かしい録音史はここから始まるといっても過言ではない。

もちろん音質はなかなか苦しい。しかし、1年以上かけてようやく探し当てた盤の状態は決して悪くない。店主は先日フルトヴェングラー・センターで目が覚めるような音質のこの録音を聴いて仰天したが、アリア・レーベル盤もなかなかがんばっていると思う。雑音のなかから音がする、というようなことはない。きっちりフルトヴェングラーの音楽をとらえているので安心してほしい。

一方、演奏についてはいろいろいわれている。さすがに後年のあの破格のスケール、神がかり的な圧迫感はない。しかしその代わりにはつらつとしたエネルギー、そして正々堂々ともいうべき率直さがある。ヨーロッパの二大オーケストラを手中に収め、ニューヨークの一大オーケストラをもわがものにするか、というまさに昇竜の勢いのフルトヴェングラー。この時期のフルトヴェングラーを体験できる最高の楽曲の録音が残っていたことをあらためて神に感謝したい。

そしてもう一つ収録されているのが、1929年のヨハン・セバスティアン・バッハ『G線上のアリア』。実は、昔この演奏を聴いて「アリアCD」という店名を決めた。

1926年の『運命』の録音のあと、数年間のブランクを経てすぐに取り上げたのがこの『アリア』。ファンの方はよくご存じだと思うが、これがまるで「儀式」のような音楽。いまではありえないずしりとした重厚なテンポ。この曲をBGMとして聴くなど想像もつかないような尋常ならざる世界。先日、音楽サロンでこの録音をかけたら、クラシックを普段聴かない人たちまでそのあまりの圧倒的な雰囲気に仰天し、そして間違いなく感動していた。普通じゃないのである。

この演奏を聴くまで、フルトヴェングラーの特別な音楽というのは戦時中の苛烈な体験から生み出されたのだと思っていた。ところが、これは1929年。すでにこの時点で、フルトヴェングラーはこういう音楽を作り出していた。

この時期のいろいろな指揮者の録音を聴いてきたが、ここまでの音楽を生み出した人を知らない。マックス・フォン・シリングスもハンス・プフィッツナーもニキシュも、ここまで壮絶な演奏は残していなかった。

やはりフルトヴェングラーは、このときからすでに特別だったのだ。

AR 0064
①ベートーヴェン『交響曲第5番「運命」』
②バッハ『G線上のアリア』
ヴィルヘルム・フルトヴェングラー指揮、ベルリン・フィルハーモニー管弦楽団
原盤：①（日）POLYDOR 60024/8 重複部分はカット、欠落部分は原盤のまま。②（日）POLYDOR 60171
録音：①1926年、モノラル、②1929年、モノラル

追悼ブーレーズ、1962年パリ……

ブーレーズ＆ロリオ
モーツァルト『ピアノ協奏曲集』

1989年7月16日、カラヤンが死んだ。そして翌90年10月14日、レナード・バーンスタインが死んだ。クラシック・ファンはその死を嘆き、音楽関係者はその死を惜しんだ。

しかし、最も衝撃を受けたのはドイツ・グラモフォンだった。自社を支える世界最高のスーパースターを相次いで失ったのである。この時点で、彼らのあとを継げるようなドル箱スター指揮者はドイツ・グラモフォンにはいなかった。カルロ・マリア・ジュリーニは売れるが録音してくれない。クラウディオ・アバド、ジェームズ・レヴァイン、ジュゼッペ・シノーポリも次代を担うほどのパワーはない。ドイツ・グラモフォンが傾けばクラシック音楽業界全体が傾く。なんとしてもレーベルの屋台骨を支える大スターを探さなければいけなかった。

そのとき白羽の矢が立ったのが、ちょうどフランス国立音楽音響研究所（IRCAM）を退くことになっていたピエール・ブーレ

ーズだった。

CD業界から離れていたブーレーズとドイツ・グラモフォンの関係がどういう経緯で構築されたかはわからない（新社長アマン・ペダーセンの意向だったらしい）。しかし電光石火。バーンスタインが亡くなってわずか半年、1991年3月、ブーレーズの新しい録音が決行される。クリーヴランド管弦楽団とのイーゴリ・ストラヴィンスキー『春の祭典』。その華々しい大成功はリアルタイムで体験した人も多いと思う。

ブーレーズは、まさにクラシックCD業界の救世主だった。彼はその後もドイツ・グラモフォンとクラシック音楽業界の期待を一身に背負い、その期待を上回る結果を次々と残していくことになる。

ストラヴィンスキー、クロード・ドビュッシー、バルトーク・ベーラ、モーリス・ラヴェル、そしてグスタフ・マーラー。その極彩色に彩られたアルバムはCDショップの最高のポジションを陣取り、そして爆発的に売れ、旧世代のカリスマ亡きあとのクラシック音楽界がこれからも安泰であることをわれわれに示してくれた。

それから数年間、ギュンター・ヴァント、セルジュ・チェリビダッケ、クラウス・テンシュテットら「遅れてきた大巨匠」のブームがくるまでのクラシック業界を、ブーレーズは一人で担った。

1996年におこなわれた「レコード芸術」（音楽之友社）最大規模の「指揮者ベスト10」では、フルトヴェングラー、カラヤン、トスカニーニ、バーンスタイン、ブルーノ・ワルター、カール・ベームに次ぐ第7位がブーレーズだった。ブーレーズは、間違いなく90年代前半のクラシック界を牽引していたのである。

そのブーレーズが死んだ。2016年1月5日、享年90歳。

実はちょうどそのころ、ブーレーズの録音をアリア・レーベルからリリースする準備をしていたところだった。実際の発売はもう少しあとにするつもりだったが、この訃報を受けて急遽リリースすることにした。なんとブーレーズとイヴォンヌ・ロリオによるヴォルフガング・アマデウス・モーツァルトの『ピアノ協奏曲』である。

録音は1962年。場所はパリ。つまり、ブーレーズが録音活動を始めたドメーヌ・ミュジカル時代。このころのブーレーズはルチアーノ・ベリオやルイジ・ノーノ、カールハインツ・シュトックハウゼン、マウリシオ・カーゲルなどを精力的かつ過激に録音していたが、同じ現代音楽系ピアニスト、ロリオと組んだこんなモーツァルトがあったのである。しかも曲が『第1-4番』。

これらの4曲は、モーツァルトが他人の曲を使って作り上げた作品でオリジナルではないということで『ピアノ協奏曲全集』の収録からいつも外される。しかし知っている方は多いと思うが、これらの作品は、モーツァルトの独創性はさておき、粋で優雅で実にすてきな協奏曲なのである。だからこそ、あえてブーレーズとロリオは取り上げたのだろう。

そして演奏はまさに期待どおりのクール&スタイリッシュ。はちきれんばかりの鮮烈さで聴く者を驚かせる。
『第2番』の第2楽章、『第3番』の終楽章なんてうっとりするやらびっくりするやら。

さすがに彼らがなんの驚きもないモーツァルトを演奏するはずがない。そこには彼らなりのなんらかの警句、箴言が込められているのかもしれない。

しかしそうしたアフォリズム的価値はおいておいて、最先端の現代ものをバリバリガリガリ鬼のように演奏していた彼らが、わずか11歳のモーツァルトの作品をこんなにも嬉々として演奏しているのがうれしいではないか。

この追悼アルバムは、音楽を演奏する喜びにあふれたブーレーズに出会える貴重な名盤なのである。

AR 0065
モーツァルト『ピアノ協奏曲第1番Kv.37』
『第2番Kv.39』
『第3番Kv.40』
『第4番Kv.41』
イヴォンヌ・ロリオ（ピアノ）、ピエール・ブーレーズ指揮、
ドメーヌ・ミュージカル管弦楽団
原盤：VEGA C30A 353/4
録音：1962年、モノラル

どこかいびつで不吉で妖しく哀しい……

ワルター＆ウィーン・フィル
ブラームス『交響曲第1番』（1937年）

ワルターとウィーン・フィルによる1937年のブラームス『交響曲第1番』である。

評論家の宇野功芳が「きわめて女性的で優雅な演奏」（宇野功芳『宇野功芳の白熱CD談義 ウィーン・フィルハーモニー』ブックマン社、2002年、294ページ）と評している。そう、この演奏は確かに美しい。だが、どこかいびつで不吉で妖しく、哀しい。

ワルターはブラームスの『交響曲第1番』をいくつか残しているが、このウィーン・フィルとの演奏以外はすべてアメリカのオーケストラとの録音なので、これが唯一のヨーロッパのオーケストラとの録音ということになる。もちろんワルターのアメリカでの録音はすばらしい。が、少し人工的な気配がしなくもない。だからワルター・ファンは、戦後の上質のアメリカ録音を歓迎しながらも、心のどこかで、「これがドイツかオーストリアのオケならな」と思ってしまう。

そういう意味でこの1937年のウィーン・フィルとのブラームスは、ファンにとってはきわめて喜ばしい録音。

……のはずなのだが。

この録音、冒頭で述べたとおり、きわめて美しく優雅で流麗なのに、何か変なのである。まったく燃え上がらないのだ。ニューヨーク・フィルとの演奏などと比べると、悲しいほど燃え上がらない。とくにまったく盛り上がらない終楽章コーダに関しては、宇野功芳も「何回でも録音し直せるのに不思議でしようがない」というほどの燃え上がらなさ。あの天に向けて放つ凱歌のような情熱がないのである。

でもその理由は、この演奏がなされた時代を考えればなんとなくわかってくる。

ご存じのようにワルターはナチスの台頭によって1933年、ドイツから亡命する。楽屋に銃弾を撃ち込まれたり、「演奏会を開けば会場を爆破する」と脅迫されたり、さまざまないやがらせや殺害予告を受けるようになり、とてもドイツにとどまってはいられなかった。

その後ワルターはさまざまな国を経てウィーンへ赴き、歓迎され、1936年からはウィーン国立歌劇場の監督になる。ナチスの勢力が増していたとはいえ、まだ当時のオーストリアはトスカニーニがいうところの「自由の国」だったのだ。

この『第1番』はそんな時期、1937年5月に演奏されたもの。先に紹介したフルトヴェングラー＆ベルリン・フィルの『運命』（AR 0062）の半年前。

ただ、まだオーストリアがナチスの支配下にないとはいえ、公演中に悪臭ガス弾を投げ込まれたりするなどナチスの勢力の拡大は明らか。当時のオーストリアは「自由の国」ではあっても「平和の国」ではない。

そしてこの演奏のわずか10カ月後の1938年3月12日。ドイツ軍はオーストリア全土を占領。ついに「自由の国」オーストリアはナチスの手に落ちる。このときワルターはたまたま海外公演中だったために逮捕されずにすんだが、娘は逮捕され、残された財産はすべて没収された。その後ワルターは幾多の遍歴を経ながら、アメリカに渡ることになる。

一方、オーストリアに残されたウィーン・フィル。

オーストリアを手中に収めたアドルフ・ヒトラーだが、この世界最高のオーケストラに対してベルリン・フィルに抱くような愛情はもっていなかった。ヒトラーはウィーン・フィルに対して「協会の解散」を迫ったのである。

そこで登場したのがフルトヴェングラーだった。彼はナチスに対して、ウィーン・フィルを存続させるためにさまざまな手を打つ。ヒトラーの誕生日にウィーン国立歌劇場でヒトラーが愛するワーグナーの『ニュルンベルクのマイスタージンガー』を上演、ベルリンではヒトラーの前で御前演奏をおこなうなど懐柔作戦に出た（でもナチスの言いなりだったわけではなく、ホールに掲げられていたハーケンクロイツの旗は取り外させた）。それによってウィーン・フィルは生き延びることになる。

だが、ナチスはウィーン・フィルのユダヤ人演奏家に対しては容赦がなかった。コンサート・マスターのアルノルト・ロゼーと首席チェロのフリートリッヒ・ブックスバウムはイギリスへ、楽団長のフーゴ・ブルクハウザーはアメリカへ亡命した。生きて逃れた人はまだいい。このときウィーン・フィルのユダヤ人演奏家11人が解雇・追放された。そして5人が強制収容所に送られ惨殺、2人がその前に死亡した。

ナチス・ドイツによって命を奪われたウィーン・フィル団員の氏名を記す。

ユリウス・シュトヴェルトカ（コンサート・マスター）
アントン・ヴァイス（第1ヴァイオリン）
マックス・シュタルクマン（第1ヴァイオリン）
モーリッツ・グラッタウアー（第1ヴァイオリン）
ポール・フィッシャー（第1ヴァイオリン）
ヴィクトール・ロビツェク（第2ヴァイオリン）
アルミン・ティロラー（オーボエ）

おそらく彼らの何人かは、あなたが聴いているこの『第1番』の演奏に参加していただろう。

ワルターの言によれば、この演奏当時のウィーン・フィルの団員たちはまだその後訪れる恐怖を実感していなかったという。しかし、それまでにナチスのさまざまな蛮行を目の当たりにしてきたワルターは、これからオーストリアが、ウィーンが、そしてウィーン・フィルがどんな恐ろしい運命に巻き込まれるかなんとなく感づいていたのではないか。だからワルターはこのとき、この曲のラストを凱歌のように演奏することができなかったのではないか。そして団員たちも、なんとなくそのいやな雰囲気を感じ取っていたのではないか。だとすると、ここから聞こえてくるのは人々の不安な思い、迫り来るおそるべき運命への予感なのか。……この演奏がどこかいびつで不吉で妖しく哀しいのは、当然のことだったのかもしれない。

復刻に使用したのは長い時間をかけてようやく見つけた盤。復刻の出来は最上といっていい。ノイズ処理をしているわけではないのにほとんどノイズが気にならないのは驚異的だ。

哀しい演奏ではあるが、その不吉なまでの美しさをとことんまで体験してほしい。それはある意味、後世に残されたわれわれの義務かもしれない。

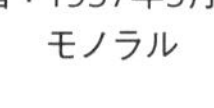

AR 0066
①ブラームス『交響曲第1番』
②モーツァルト『3つのドイツ舞曲Kv.605』
ブルーノ・ワルター指揮、ウィーン・フィルハーモニー管弦楽団
原盤：①78rpm HMV DB3277/81、②78rpm HMV DA1570
録音：1937年5月、ムジークフェラインザール（ウィーン）、モノラル

地獄を見た男

クレツキ指揮
シューベルト『交響曲第8番「未完成」』
メンデルスゾーン『交響曲第3番「スコットランド」』

この偉大なる指揮者との「真の出会い」はいまから十数年以上前のこと。それまでも崇高かつ屈強なるベートーヴェン『交響曲全集』などは耳にしていたが、このアルバムとの出合いは強烈だった。このアルバムによってパウル・クレツキという指揮者のすごさ、偉大さを知ることになった。

このMEDICI MASTERSのアルバムである。

MEDICI MASTERS MM 018
チャイコフスキー①『交響曲第6番「悲愴」』
②『ヴァイオリン協奏曲』
パウル・クレツキ指揮、ダヴィッド・オイストラフ（ヴァイオリン）、①フィルハーモニア管弦楽団、②ストックホルム祝祭管弦楽団
録音：①1960年4月11・12日、ステレオ、②1955年9月28日、モノラル

そのときのコメントを記してみたい。

『悲愴』が始まった。指揮者の名前はあえて見ていない。

第1楽章前半は案外もっさりとした演奏。鈍重なのか丁寧なのか、はたまたあまり気が乗らないのか。進むことを躊躇しているようにさえ聴こえる。

中間の大爆発も、まあこんな感じかな、という品のいい暴れ方。それが後半に差しかかろうという12分過ぎ。突然オケの線が乱れ始める。明らかに何かおかしい。テンポもグラ

グラ。……しかしそれと同時にそれまで鳴りを潜めていた音楽の感情が突然噴出しはじめる。それまであえて抑えていたものが堰を切ったようにとめどなくあふれていく。それは情熱とか激情というより、情念のようなもの。

第2楽章も華麗であっけらかんとした舞踏会のようにはいかない。終始、何か陰鬱とした雰囲気。

第3楽章は普通に始まる。オケはうまい。が、さっきまでの何かに取り憑かれたような「物の怪」の気配は消える。ただ超快速でいきながら後半7分あたりでガラリとギア・チェンジをしてオケを引き締めなおすあたりはただものではない。

誰だ？　この指揮者は？

このあたりまで聴くと、さすがにこの指揮者が並みの力量の人ではないこと、常人の感性をもった人でないことはなんとなくわかってくる。……さて、この指揮者、終楽章、どう出る？

これが……とても優しい演奏だった。こぶしを振り上げて、共感を強要してくるかと思ったが、あにはからんや、まるでそっけないほどに優しくさりげない。（略）

なんだけれど、その質朴とした響きの向こうに広がる寂寥感。聴く者への愛情と諦念がないまぜになったような、言葉で説明できないおそろしく複雑な心境の演奏。この楽章は、悲しくはあってももっと単純だったはず。

しかし、この人の演奏にはあまりに多くのものが背負わされている。いったい誰なんだ？、この指揮者は。初めてCDのジャケットを取り出してその名前を見た。

……パウル・クレツキ。

なるほど……。ナチスによって両親や姉妹を虐殺され、自身の精神も一度崩壊したこの人なら、それもわかる。

しかし、それがわかってもう一度かけたら、ちょっと普通の精神状態では聴けなかった。

覚悟して、どうぞ。（MEDICI MASTERS MM 018について

のコメント、拙著『やっぱりクラシックは死なない！』〔青弓社、2010年、42-43ページ〕から一部修正して引用）

1900年、ポーランド生まれの巨匠クレツキ。25年にはフルトヴェングラーに招かれてベルリン・フィルを指揮。指揮者としても作曲家としても、将来を嘱望される。

ところが、その後ナチスが台頭。クレツキはユダヤ系だったためにイタリアへ逃げ延びる。しかし、ここでもファシスト政権に脅かされソビエト連邦に移る。そこで今度はヨシフ・スターリンの大粛清に遭遇、なんとか最終的にスイスで市民権を得た。だが前述のとおりドイツでは両親や姉妹を含む肉親をナチスによって殺害され、自らの精神も一度破綻したという。

そのクレツキ。いまも人気が高いとはいえない。現在では忘れられた存在といってよく、数年前までは代表作のマーラー、そしてあのSUPRAPHONのベートーヴェン『交響曲全集』などわずかな録音が出ているだけだった。この巨匠の境遇はずっとよくなかったといっていい。

しかし……思い出してみれば、数年前に発売されて大きな話題になった「EMI 20世紀の偉大な指揮者たち」シリーズ（全40巻）のなかで最も早く売り切れになったのがクレツキだった。ファンはじっと待っていたのである。クレツキの演奏を。

確かに同世代のベーム、ジョージ・セル、ジョン・バルビローリ、フランツ・コンヴィチュニーなどの有名な指揮者たちと比べると一見地味かもしれない。しかしその正々堂々としたまっすぐな演奏を聴いていると、ときおり、クレツキは同世代のスーパースターよりもすごいかもしれない、と思うことがある。背負ったものが大きいというか、限りのない献身の思いというか、そういうものを感じるのである。

今回掘り起こした2つの音源。なんのてらいもなく、まっすぐで重厚な『交響曲第8番「未完成」』。もっと不吉でドロドロした演奏かと思ったのに、そういう安易な思いを通り越した気高い演奏だった。そして素直で明朗な『交響曲第3番「スコットランド」』。
ナチスに人生を狂わせられたクレツキがイスラエルのオーケストラを指揮したユダヤ人作曲家の交響曲……そういうこちらの妙な先入観をあえてくつがえす毅然とした演奏。愚直なまでにまっすぐな音楽。
これらの演奏に、クレツキの人間としての重みをみる人は多いだろう。……あの時代、まだまだこういう指揮者がいたのである。

AR 0067
メンデルスゾーン『交響曲第3番「スコットランド」』
『序曲「静かな海と楽しい航海」』
パウル・クレツキ指揮、イスラエル・フィルハーモニー管弦楽団
原盤：COLUMBIA 33CX 1219
録音：1954年、モノラル

AR 0068
シューベルト『交響曲第8番「未完成」』
『ロザムンデ』序曲、間奏曲第3番、舞踏音楽第2番
パウル・クレツキ指揮、ロイヤル・フィルハーモニー管弦楽団
原盤：HMV ASD296
録音：1958年、ステレオ

1920年代、ドイツでのワルター

ワルター＆ベルリン国立歌劇場管
モーツァルト『交響曲第40番』（1929年）

「どこかいびつで不吉で妖しく哀しい……」でも述べたが、ワルターは1933年、ナチスから脅迫を受けドイツから亡命した。ド

イツを離れたワルターはウィーンへ赴き、36年からはウィーン国立歌劇場の監督になる。

しかし、ナチスはまるでワルターを追いかけるようにオーストリアに侵食してくる。すんでのところで逮捕を免れたワルターは幾多の遍歴を経ながら、その後はアメリカで生きていくことになる。そして、そこで上質な録音を数多く残すのである。

ただ店主のように、ヨーロッパ時代のワルターにこそ彼の本質がある、という音楽ファンも多い。ナチスに威嚇されながらも、深いロマンと風格ある音楽を放ち続けたヨーロッパ時代。とくにウィーン・フィルとのモーツァルト、マーラー、ブラームス、シューベルト、ベートーヴェンに魅せられた人は多いはずだ。

そう考えると、ワルターには「ヨーロッパ時代」と「アメリカ時代」という2つの時代があったと思われやすいのだが……。

もう一つ、重要な時代がある。ナチス台頭以前、1920年代のドイツでのワルターである。

1920年代のワルターが話題になることはあまりない。話題になっても「まだまだ未熟な、気分に任せただけの演奏をしていた時代」と切り捨てられることが多い。ただ、その時代のワルターについて語ろうにもCDがほとんど出ていないのが実情。この当時、小品などを含めるとかなり多くの録音が残っているのだが、現在はほとんど無視されているのである。

しかしこの時代のワルター、一般に思われているよりも抜群にすばらしい。

ワルター、年齢にして53歳。それまでウィーン宮廷歌劇場（ウィーン国立歌劇場）楽長、ミュンヘン宮廷歌劇場（バイエルン州立歌劇場）音楽監督、ベルリン市立歌劇場（ベルリン・ドイツ・オペラ）音楽監督などを歴任し、じきにライプツィヒ・ゲヴァントハウス管弦楽団の楽長にもなろうかという時期。ナチスに悩まされることもない。音楽だけに純粋に打ち込めばよかった時期。

のちにあれだけの大輪の華を咲かせる天才が、これだけのキャリアを積んできたこの時期に凡庸な演奏で満足しているはずがない。「まだまだ未熟な、気分に任せただけの演奏をしていた」はずがないのである。

さて、この1920年代のワルター。ロベルト・シューマンの『交響曲第4番』やちょっとびっくりのチャイコフスキー『交響曲第6番「悲愴」』なども残している。しかしここで取り上げるのは、ファンが最も請い願っていただろう「幻」の録音。モーツァルト『交響曲第40番』である。録音は29年。お客様に「アリア・レーベルで出してほしい」と言われてからずっと探し続けてきた貴重盤である。

その『第40番』、ワルターは10種類以上の録音を残しているが、この録音はそのなかでも初期であるがために（2回目は1939年のNBC交響楽団）、ずば抜けて異端の演奏でもある。後年のコロンビア交響楽団との録音と比べるとまるで別人のようだが、別人は別人でも魅力あふれる別人格である。

第1楽章冒頭こそ何が起きたかというようなモワモワした出だしだが（盤質も冒頭がいちばん厳しい）、やがて現代の古楽器演奏を思わせるようなキレキレの様相を呈するようになる。それぞれの楽器をきちんと歌わせる滑舌のよさはさすがワルター。やはり前世紀の大指揮者の血統。コクがあるのにキレがある。潔いロマンとでもいおうか。

しかし、そのあと行き着いた終楽章は、まるで何者かを追いかけているかのような異常なスピードにあぜんとすることになる。途中、興に乗ったワルターのうなり声かあるいは足音か、リズムを取る音も聞こえてくる。ワルター、ノリノリなのだ。

続く小品集が、これまたすごい。おまけで入れてあると思ったら大間違い。

まず1929年の『こうもり』序曲。繊細で自由で優雅で洒脱。生きのいいワルターの本領をたっぷり味わえる。そして特筆すべきはこの音のよさ、彫りの深さ。このころのSP録音を、気持ち悪いキンキンの復刻CDで聴いてきた人はまず驚き、そして感動すること間違いない。29年のワルターの絶品演奏をこのクリアで重厚な音質で聴けるとは。

そしてモーツァルトの2曲。こちらは1925年。ラッパ録音。もちろんノイズは少なくない。しかし、これまた不必要なノイズカットを施して本質を見失うようなことはない。太く厚い管弦楽の調べが、やわらかな雑音の向こうからしっかり響いてくる。

いずれにしてもこれらの録音を聴いて思うことは、1920年代のワルターが、後年と別人のようではあってもやはり大器だった、ということ。

内輪の話で恐縮だが、今回の原盤に費やした金額はちょっとやそっとの売り上げでは回収できそうにない。それを承知でのリリースである。

それにしてもこのころのベルリン、なんともぜいたくで爛熟した時代だった。

フルトヴェングラーはベルリン・フィルで、オットー・クレンペラーはクロル・オーパーで、ワルターは市立オペラで、エーリヒ・クライバーは国立歌劇場で互いに競い合った。そこにトスカニーニやリヒャルト・シュトラウスも現れ、レオ・ブレッヒ、セル、エルネスト・アンセルメもセルゲイ・ディアギレフのバレエ公演で登場した。

伝説的な集合写真
（出典：ヘルベルト・ハフナー『巨匠フルトヴェングラーの生涯』最上英明訳〔叢書・20世紀の芸術と文学〕、アルファベータ、2010年、141ページ）

有名なこの写真は、イタリア大使館でのトスカニーニ歓迎時の写真。……1929年である。

AR 0069
①モーツァルト『交響曲第40番』
②ヨハン・シュトラウス2世『こうもり』序曲
③モーツァルト『コジ・ファン・トゥッテ』序曲
『イドメネオ』序曲
ブルーノ・ワルター指揮、ベルリン州立歌劇場管弦楽団
原盤：①78rpm イギリス COLUMBIA DX31/33、②78rpm アメリカ COLUMBIA 9080、③78rpm ドイツ GRAMMOPHON 66072
録音：①1929年1月、モノラル、②1929年1月、モノラル、③1925年3月、モノラル

一つの奇跡的な現象

フルトヴェングラー&ウィーン・フィル
ベートーヴェン『交響曲第3番「英雄」』(1944年12月19日)

1944年12月19日の『交響曲第3番「英雄」』。これはフルトヴェングラーの録音のなかでも5本の指に入る人気演奏。

……だが、リリースするにあたり深いジレンマが伴う。

一つ目のジレンマは、この原盤はフルトヴェングラーに訴訟を起こされたURANIA盤であること。URANIAは放送局から音源を購入したらしいが、フルトヴェングラーには承諾を取っていなかったためそういう事態に陥った。つまりフルトヴェングラーが生前リリースを許可しなかった音源をCD化していいのか、という点である。

そして二つ目は、ピッチが高いこと。URANIAが入手した放送音源がもともとそうだったのでなんとも仕方がないのだが、現状この音源をCD化するときはこのピッチを修正するかしないか

の選択を迫られることになる。直さなければ原曲とは微妙に違うものになる。しかし、直すとしたらこの音源に製作者の手が入ることになる。プチパチ・ノイズを消したりするのとは訳が違う。最終的に自分の判断で音楽そのものを変えてしまうことになりかねないのである。

そして三つ目は、自分がその禁断の、ピッチも高いURANIA盤を聴いて感動してしまったことである。「フルトヴェングラーの意思」と「『英雄』の本来のあり方」を無視して感動してしまったということでもある。しかし、感動してしまったのだから仕方がない。

この演奏はもちろんいままで何度も、いろいろな盤で繰り返し聴いてきた。にもかかわらず、何が起きたのかわからないのだが、今回あらためて聴いて、どうしようもないくらいに激しく心が動いた。長年クラシック音楽を聴き、長年この仕事をしてきた自分が、おそらく人生で最も深く感動した。

それは年齢のせいなのか、それとも2016年というこの時代になったからなのか、それはわからない。しかし、フルトヴェングラーが許可しなかった、しかもピッチが高い演奏を聴いて感動してしまった。

だとしたら、その原盤のあるがままの状態をそのまま復刻してみよう。そう思い至った。これがそのままの『ウラニアのエロイカ』である。

終楽章のラスト5分。まったく説明不能の込み上げてくる熱い感情が嗚咽になり、涙になり、しばらく自制できなかった。

透き通るように純粋な美しい音楽を聴いたときの涙とは違う。熱く激しく、血が沸き上がるような音楽を聴いたときの涙とも違う。宇宙を思わせるような崇高で神がかり的な音楽を聴いたときの涙とも違う。これまで経験したことがない、異なる次元に連れていかれてしまったような感情。まさかこの年になって、これほどの感動にとらわれるとは思ってもみなかった。

1804年。この曲が作られたとき、世界は激動の時代を迎えていた。それまでの貴族社会が革命によってひっくり返され、上流階級の娯楽のための音楽ではなく、革命実行者と平民の勇気を鼓舞し心を慰める音楽が必要とされた。その先陣になったのがこの曲。まさに革命の音楽。それ以降、この曲を書いた男は、まったく未来が読めないなか、人間の意志と勇気と存在意義を問う壮絶な音楽を書き続けた。

1944年。この曲が演奏されたとき、世界は激動の時代を迎えていた。

ドイツに登場したナチスは世界中を狂乱に陥れた。しかし、すでに敗色濃厚。どうせ負けるなら暴れるだけ暴れてすべてを破壊しつくそうとしていた。そうしたなか、この演奏を指揮した男も命を狙われ始め、いつ何かの拍子に逮捕されて惨殺されてもおかしくない状況に追い込まれていた。

しかしそうした非常事態にもかかわらず、その男はウィーンに向かいこの演奏を残した。世界も国家も家族も自分の命もこれからどうなるかまったくわからない状況であったがために、その時その場所でこの曲を絶対に演奏しなければならなかった……そう思わせるようなこの壮絶な音楽。

そして2016年。この録音が聴かれるとき、世界は再び激動の時代を迎えようとしている。誰もが世界の平和と安穏を信じて生きてきたが、どうやら未来はそうではなさそうだと緩やかに理解しつつある。自然も、政治も、経済も、明らかに先が見えない。悩みや迷いがない人はもはやいない。しかしだからこそ人々は、自分たちの悩みや苦しみをすべて包含し、どこかに昇華させてくれる音楽を必要としている。

ここで紹介したこの音楽は、200年前の男も、70年前の男も、いま聴いているあなたも、時代と場所を超えて一緒に包み込み、さらに上の境地へと連れていってくれると思う。これはすでに単なる音楽とか芸術ではない。一つの奇跡的な現象なのである。

AR 0070
ベートーヴェン『交響曲第3番「英雄」』
ヴィルヘルム・フルトヴェングラー指揮、ウィーン・フィルハーモニー管弦楽団
原盤：URANIA URLP 7095
録音：1944年12月19・20日、ウィーン、モノラル

前代未聞の壮絶なる戦い

エディット・ファルナディ（ピアノ）
シェルヘン&ウィーン国立歌劇場管
チャイコフスキー『ピアノ協奏曲第1番』『第2番』

アリア・レーベルの製作は、歴史的録音復刻レーベルARDMORE社の協力でおこなっている。盤の捜索や復刻についてはARDMOREの協力がなければなしえなかった。

さて、そのARDMOREがリリースしていなかった、エディット・ファルナディというピアニストのものすごい超絶技巧アルバムがあった。それがあまりにすばらしかったので、どうしてもこの人の伝説のチャイコフスキー『ピアノ協奏曲第1番』をアリア・レーベルから出したいと思い、ARDMOREにその盤を探し回ってもらった。まさに世界中を。そうして晴れてリリースしたのが、この録音である。

エディット・ファルナディ。1921年生まれのハンガリーを代表するリスト弾き。テクニシャンとして知られ、女性で初めてシュトラウス＝ゴドフスキーの三大編曲を録音した。

9歳のときリスト音楽院に入学し、バルトークらに師事。ゲオルク・ショルティ、アニー・フィッシャー、ルイス・ケントナーと同門だった。

12歳でおこなった初の公開演奏ではベートーヴェンの『ピアノ協奏曲第1番』を指揮しながら弾いたといわれ、在学中にリスト賞を2度受賞したという正真正銘の天才。史上最高の女性ピアニストの一人である。

そんなファルナディは1950年代前半にWESTMINSTER社にいくつかの録音を残して名を馳せるも、ステレオ以降の録音が少ないために現在の知名度はいまひとつ。

だが、そんなWESTMINSTER社の録音のなかに、ヘルマン・シェルヘンと組んだとんでもないチャイコフスキーの『ピアノ協奏曲第1番』がある。ファルナディにとってシェルヘンは30歳も年上の超先輩。しかも1954年のシェルヘンといえば、WESTMINSTERで大活躍していた人生絶頂期のころだ。

そんな状況をわかってか、シェルヘンは33歳の美人ピアニストを挑発しまくって怪物キャラを発揮。冒頭からまったくピアノと合わせようとしない。店主がいままで聴いた同曲のなかでもピアノとオーケストラが最も合っていない演奏である。しかしこれは、考えようによってはファルナディも合わせようとしていないということでもある。

希代の怪物指揮者のわがまま伴奏にまったくひるむことなく、わが道を突き進む皇女ファルナディ。当然、ヴィルトゥオーゾ的場面では「じいやはひっこんでなさい」とばかりに自分の世界をひけらかす。

そして、そんな状況で終楽章ラスト1分はどうなるか?

皇女ファルナディは怪物シェルヘンをぶち負かす。ラストのラスト、怪物シェルヘンはオーケストラもろとも、もんどりうってぶっ倒れるのである。嘘だと思うかもしれないが、本当に「どどど」というような地響きとともにすさまじいラストを迎える。おそらくシェルヘン、これがやりたかったのだ。主役はやはりファルナディだよ、と。

また『第2番』もやはりすさまじいことになっている。第3楽章の約5分ごろ、ノリノリのシェルヘンがうなっているので耳を澄まして聴いてほしい。

ところで、このファルナディのチャイコフスキーの『ピアノ協奏曲第1番』『第2番』だが、どういうわけかこれまでCDが出ていない。

音源はWESTMINSTER社なので、これまでシリーズやボックスなどで出ていてもおかしくない。実際、TAHRAは彼女のほかのWESTMINSTER録音をCD復刻していた。しかしどういうわけか、この前代未聞の怪演だけは日の目を見なかった。ARDMOREのオーナーも言っていたが、ひょっとするとマスターを紛失したか復刻できない状態にあるのではないか。

そんななか、ARDMOREのオーナーがようやく1950年代発売のヘリオドール盤（フラットテストプレスか?）を探し出してきてくれた。

しかし、盤が見つかったあとが大変だった。ノイズが思ったよりもひどく、復刻にどうしても納得がいかず、何度も何度もやりなおしてもらったのだ。その回数は10回に及んだ。

最後にはARDMOREとほとんどけんか寸前のような状況までいったが、最後の最後でようやく納得いくところまでもっていくことができた。

このアルバムはアリア・レーベルとしても渾身の一枚になった。

ARD 0071
チャイコフスキー『ピアノ協奏曲第1番』『第2番』
エディット・ファルナディ（ピアノ）、ヘルマン・シェルヘン指揮、ウィーン国立歌劇場管弦楽団
原盤：WESTMINSTER 478022
録音：1954年、ウィーン・コンツェルトハウス、モノラル

暴虐、傍若無人

ブロニスラフ・フーベルマン
チャイコフスキー『ヴァイオリン協奏曲』

これは傍若無人、いや、暴虐といわれても仕方ない。アリアCDのことである。なんとアリアCDの店主、「ARDMORE」の新譜のサンプルを聴いて気に入ってしまい、「その音源を寄越せ、アリア・レーベルから出させろ」とARDMOREの社長に圧力をかけたのである。他レーベルの音源がよかったからといって、それを自分のレーベルで出すとは言語道断。そんな非道が許されていいのか。

しかし、それくらい、その演奏と復刻に惚れてしまったのである。これだけの音源をアリア・レーベルで出さないでどうする。

結局、ARDMOREのオーナーはアリアCD店主の強引極まりない要望を受け入れ、ここにアリア・レーベル第72弾が登場することになった。

その演奏とは、ブロニスラフ・フーベルマンによるチャイコフスキーの『ヴァイオリン協奏曲』。無頼で知られるフーベルマンの代表的演奏。これまた暴虐。傍若無人。聴けばわかる。濃厚、妖艶、武骨、金切り声、欲情、激烈、醜悪、歓喜、苦痛、卑猥、深淵、夢想、快感。なんでもあり。

ヨーゼフ・ヨアヒムはフーベルマンの演奏を聴いて涙したらしいが、もう少し生きてこの演奏を聴いていたらきっとショックのあまり絶命したことだろう。

名演ひしめくこの名曲、もちろんすさまじい演奏も少なくない。最近でもパトリシア・コパツィンスカヤの怪演が登場した。しかし、それらの演奏もこのフーベルマンの前では赤子のようなもの。ここまでこの曲で暴虐の限りを尽くした演奏はない。

それにしても1920年代末期にこれほどまで凄絶な演奏が生まれていたとは。……いや、逆か。

1920年代末期といえば、エーリヒ・クライバーのあの『交響曲第9番「新世界より」』(AR 0020、「知る人ぞ知るエーリヒの爆裂演奏」、前掲『クラシック名盤復刻ガイド』65ページ)、ハンス・クナッパーツブッシュのあのベートーヴェン『交響曲第7番』(AR 0051、「非常識で破廉恥で猥褻で暴力的」、同書147ページ)、フルトヴェングラーのあの『G線上のアリア』(AR 0064、本書「フルトヴェングラー最初の『運命』、そして1929年の『アリア』」)、ワルターのあのモーツァルト『交響曲第40番』(AR 0069、本書「1920年代、ドイツでのワルター」) など、巨匠たちによるおそるべき大演奏が次々と登場していた時代。

第1次世界大戦が終わり、世界恐慌が起きるまでの短いドイツの復興期。この時代、こうした放埒で野放図な演奏を生み出す土壌がドイツにはあったということか(ちなみに1930年にフルトヴェングラーとフーベルマンはチャイコフスキーで共演しているが、はたしてどんな演奏だったのか……)。

それにしてもこのARDMOREの復刻はすごい。

終楽章ヴァイオリンは荒れ狂い、オーケストラを圧倒したまま壮絶なラストに突入する。そのラストちょっと前にヴァイオリンがギュルギュルギュルギュル哭いてこちらの心臓を突き刺す瞬間があるのだが、これほどの緊迫感、切迫感、危機感、恐怖感を抱いたのはこの復刻が初めて。だからこそアリア・レーベルで出したいと言ったのである。

そうして圧巻のラストを事務所で大音量でかけてみると、作業を始めたら地震が起きても気づかないアリアCDの女性スタッフたちも、その瞬間「ああ」と声を漏らした。

しかし、お人よしなのはARDMORE。これだけの超優秀音源をアリア・レーベルにあっさり渡しただけでなく、「あ、それならエドゥアール・ラロの『スペイン交響曲』もあるから、それを付けましょうか」と……。フーベルマンの『スペイン交響曲』といえば、このチャイコフスキーと並ぶ代表的録音。これぞロマン。ほとばしる激情、さかまく情熱。その2つのコンチェルトをカップリングにさせてくれると向こうから言ってきたのである。ARDMORE、お人よしにもほどがある。

音質は1920年代後半のSP復刻、さすがに良質とはいえない。しかもARDMOREはほとんど針音ノイズを取っていない。最初に聴いた人はそのプチパチ・ノイズにのけぞるだろう。だが、最初の5分でそれらのノイズはまったく気にならなくなる。そんなことはどうでもよくなる。断言してもいい。

ここまでこの演奏の「暴虐さ」を露呈した復刻はなかった。

ARD 0072
①チャイコフスキー『ヴァイオリン協奏曲』
②ラロ『スペイン交響曲』
ブロニスラフ・フーベルマン（ヴァイオリン）、①ウィリアム・スタインバーグ指揮、シュターツカペレ・ベルリン、②ジョージ・セル指揮、ウィーン・フィルハーモニー管弦楽団
原盤：①80rpm PARLOPHONE 59503/6（珍しいフランス盤！）、②78rpm COLUMBIA LX8129/31
録音：①1928年12月28-30日、モノラル、②1934年、モノラル

若き鍵盤の騎士

ダニエル・ワイエンベルク
ブラームス『ピアノ協奏曲第1番』

2016年のリリースでいちばんびっくりしたのはLYRINXのこのアルバム。

LYRINX LYR 2297
リスト『超絶技巧練習曲集』
ダニエル・ワイエンベルク（ピアノ）
録音：2015年5月28日-6月4日

ダニエル・ワイエンベルクの新録音……御歳85歳！　しかも曲がリスト『超絶技巧練習曲集』！

ワイエンベルク、まさかの現役だった……。

ワイエンベルクは1929年、パリの生まれ。父はオランダ人で、母はロシア人。49年のロン゠ティボー国際コンクールで第2位を獲得しているのだが、この年の第1位はアルド・チッコリーニ、第3位はパウル・バドゥラ゠スコダ、第5位はピエール・バルビゼ。つまり、そうとう強力なライバルのなかで得た第2位だったことがわかる。

ただ、彼は1950年代からずっと第一線で活躍していたが、その実力に比べてあまりにも録音が少なく、ことにCDは数枚しか発売されておらず、現時点ではほとんど廃盤。十数年前にフランスEMIから出ていた2枚組みも完売（いまもっている人はお宝）。

そんなワイエンベルクのもっと若いときの演奏を聴いてみたくて発掘したのが、このブラームスの『ピアノ協奏曲第1番』。かなりのレア盤。店主が調べたかぎりではCD化はされていない。いまでは話題にのぼることもまったくない、埋もれた演奏。

しかし、この迫力、すごみ、貫禄。このときワイエンベルクは27歳。エルネスト・ブールの指揮もすごいのだが、15歳以上年上のブールにまったく媚を売ることがない正々堂々たるワイエンベルクの存在感が圧倒的。

精悍で勇ましく、しかもどこか年齢に似合わない落ち着きをもつ。まるで若き鍵盤の騎士のようなのである。

ARD 0073
ブラームス『ピアノ協奏曲第1番』
ダニエル・ワイエンベルク（ピアノ）、エルネスト・ブール指揮、南西ドイツ放送交響楽団
原盤：DUCRETET THOMSON 320c118
録音：1956年10月8日、モノラル

カラヤン最初の録音、1938年の『魔笛』序曲、そして1941年のベートーヴェン『交響曲第7番』

ようやく手に入れた。カラヤンにとって生涯最初の録音である1938年のモーツァルト『魔笛』序曲。そして初めてのベートーヴェン録音である41年の『交響曲第7番』。

どちらももちろんSP復刻。さすがに完全完璧な状態とはいわないが、ARDMOREは今回も深みと奥行きがある復刻で、若きカラヤンのエネルギーをいやというほど届けてくれる。

1938年4月、ベルリン・フィルを初めて指揮して「爆弾のような衝撃」を与えたカラヤンは、勢いそのままに今度はベルリン州立歌劇場に乗り込んでベートーヴェンの歌劇『フィデリオ』で「ベルリンを一撃の下に征服」。そして10月、今度は『トリスタンとイゾルデ』によって、あの「奇跡のカラヤン」という大々的な新聞見出しを勝ち取ることになる。

その華々しい成功はもちろんナチスによって画策され演出されたものだったかもしれない。しかしここでついにカラヤンはドイツ音楽界の第一線に名乗りを上げ、自らの才能を旧時代の音楽家たちに思いっきり見せつけるのである。とくにベルリン州立歌劇場から身を引いていたフルトヴェングラーは、自分がいない間にこの歌劇場で名を上げたこの男をどう思っていたか。

ここでさらに新世代の象徴カラヤンは、さっそくベルリン州立歌劇場管弦楽団を使ってレコーディングを敢行。それが『魔笛』序曲。全曲上演の前に、スタジオでおこなわれた記念碑的録音。あのカラヤンが残した膨大な録音の最初のものである。整えられ、磨き上げられたその禁欲的な音楽は、当時のカラヤンの熱い思いをあえて抑えたかのようにも思える。おそらくこれが翌年のあの熱いジュゼッペ＝ヴェルディ『運命の力』序曲へとつながるのである（AR0013、「この時期があるからカラヤンが好きである」、前掲

『クラシック名盤復刻ガイド』を参照)。

さあ、カラヤンの勢いは止まらない。今度はフルトヴェングラーに露骨に対抗すべく、フルトヴェングラーが録音したばかりのチャイコフスキー『交響曲第6番「悲愴」』を同じベルリン・フィルを使って録音。同じ曲を同じオーケストラで録音したのである。さらに、1939年のヒトラーの誕生日には「シュターツカペレマイスター」という称号も受けた。

ベルリンの新聞は面白おかしく「フルトヴェングラーのベルリン・フィルとカラヤンのベルリン州立歌劇場管のどちらがすごいか」を書きたてた。カラヤンは巨人フルトヴェングラーの前に立ちはだかったのである。

そうして迎えた1940-41年のシーズン。この時期、カラヤンがまるでとりつかれたように何度も何度も取り上げていた曲がある。それがベートーヴェンの『第7番』。

1940年の10月、11月にアーヘン市立歌劇場管弦楽団と2回。12月にベルリン州立歌劇場管とベルリンで2回。翌41年3月からはローマ、フィレンツェ、パリで数回。ブダペストでもこの曲を演奏した可能性が高い。

そんなふうに狂ったようにこの曲ばかりを取り上げていたカラヤンが最終的に目指していたのが、ベルリンでおこなわれた1941年6月のこの録音だ。

これ以降、カラヤンが再びこの曲を取り上げるのは実に8年後の1949年のことだから、この曲に対するカラヤンの思いがここで一度完結したことがわかる。

当時、ベートーヴェンといえば当然フルトヴェングラーだった。ご存じのように、このときすでに『交響曲第5番「運命」』の決定的名演が残されている。しかしそれに対して、カラヤンは『第7番』ならフルトヴェングラーに対抗できると思ったのか。あの『悲愴』と同じように、目の前の巨人にもう一度鉄槌を食らわすことができる、日の出の勢いの新星スターはそんなふうに思っていたのかもしれない。終楽章ラストではカラヤンのうなり声まで聞こえる。

ちなみにやりすぎたカラヤンが、宣伝相ヨーゼフ・ゲッベルス、ベルリン州立歌劇場総監督ハインツ・ティーティエン、そしてフルトヴェングラーの思惑によって表舞台から干されるのはこの翌年のことである。

興味がある方はやはりこちらへ。→AR 0013

ARD 0074
①モーツァルト歌劇『魔笛』序曲
②ベートーヴェン『交響曲第7番』
ヘルベルト・フォン・カラヤン指揮、ベルリン国立歌劇場管弦楽団
原盤：①78rpm（G）POLYDOR 67465、②78rpm POLYDOR（SIEMENS）67643/8
録音：①1938年12月9日、ベルリン、モノラル、②1941年6月、ベルリン、モノラル

戦後の全盛期

フルトヴェングラー＆ウィーン・フィル
チャイコフスキー『交響曲第4番』（1951年）
ベートーヴェン『交響曲第7番』（1950年）

アリア・レーベルのこれまでのフルトヴェングラーのリリースは、個人的な思い入れがある『未完成』（AR 0034、「この録音でクラシックに目覚め、その後の人生が変わった」、前掲『クラシック名盤復刻ガイド』103ページ）、異端の録音であるブラームスの『交響曲第2番』（AR 0050、「実はこのラストを聴いてほしい」、同書144ページ）を除いて、すべて戦前・戦中録音に限定していた。しかしAR 0070（本書「一つの奇跡的な現象」）で1944年12月の『英雄』をリリースしたことで一つ区切りがついて、そろそろフルトヴェングラーの戦後録音に手をつけていいような気がしてき

たのだ。

そうしたなかご紹介するのが、2つのウィーン・フィル録音。1951年のチャイコフスキー『交響曲第4番』と50年のベートーヴェン『交響曲第7番』である。まず51年のチャイコフスキー『第4番』。

フルトヴェングラーのチャイコフスキーといえば、有名な1938年の『交響曲第6番「悲愴」』(AR 0060、同書「想定外の化学反応」163ページ)がある。この51年の『第4番』は、その『悲愴』と並ぶフルトヴェングラーの代表的チャイコフスキー録音。

『悲愴』(AR 0060)の項では、フルトヴェングラーは「スラヴ系の交響曲を振るときはあえてイチから自分流に料理し直したのではないだろうか」(同書164ページ)というようなことを言った。フルトヴェングラーが振ると、まるでベートーヴェンのようなチャイコフスキーになる、と。

それはこの1951年の『第4番』でも同じである。深遠で狂おしく、風格があり、芝居じみたところがない。しかしその分、われわれが期待する天空を突き抜けるような『第4番』の爽やかさ、華やかさはここにはない。

ただ考えてみれば、チャイコフスキーは、アントニーナ・ミリュコーヴァとの結婚生活に苦しんで苦しんで苦しみぬき、ノイローゼになり自殺未遂事件を起こした末、スイスのクララン(偶然だがフルトヴェングラーは戦後この街で暮らしていた)で療養しながらこの曲を書いているのである。能天気なバカ騒ぎだけの作品で終わるほうが不自然だ。

フルトヴェングラーのこの録音を聴けば、これまでこの曲を聴いていて気づかなかったチャイコフスキーの苦悩や焦燥、諦念、何かに対する愛惜の思い、そして束の間の希望など、さまざまな感情を何度も想起させられる。

そしてもう一方の1950年1月録音のベートーヴェン『第7番』。

同じ1950年1月にフルトヴェングラーは『第4番』を録音、2

年後の52年には『第1番』『第3番』『第6番』とともに再録音している。しかし『第7番』は生涯スタジオで再録音することはなかった。だから、ご存じのようにフルトヴェングラーのEMIベートーヴェン『交響曲全集』セットに収録されているのはこの録音である。43年のものすごい演奏もあるが、フルトヴェングラーのベートーヴェン『第7番』録音のファースト・チョイスはこれになると思う。嵐のような両端楽章はもちろんすごいが、第2楽章で、聴く者は人類が背負った苦悩を知る。陳腐な評論など恥ずかしい、人間が生み出した最上の芸術作品の一つ。

さて、このころのフルトヴェングラー。年間のコンサート回数は100を超え、1920年代の絶頂期に並ぶ戦後の全盛期を迎える。

活動範囲もヨーロッパ全土はもちろん、エジプト、アルゼンチン、そして1952年にはベネズエラにまで及び、シカゴ交響楽団やメトロポリタン歌劇場からお呼びがかかったのもこの時期。バイロイトのステージにも立ち、18年ぶりにベルリン・フィルの首席指揮者の地位にも復帰する。まさに戦中の地獄の苦しみをここで一気に解き放とうという、怒濤の、そして鬼神のような演奏活動が続いていたとき（そして1952年の夏、『フィガロの結婚』のリハーサル途中に倒れるのである）。

両方のアルバムにSPからの小品を1曲ずつ収録。

メンデルスゾーンの序曲『フィンガルの洞窟』とヨハン・シュトラウス2世の『皇帝円舞曲』。SPからの分厚く濃厚なロマンにちょっとびっくり。意外なほどにチャーミングなこれら2曲に引かれる方も多いと思う。

ARD 0075
①チャイコフスキー『交響曲第4番』
②メンデルスゾーン序曲『フィンガルの洞窟』
ヴィルヘルム・フルトヴェングラー指揮、ウィーン・フィルハーモニー管弦楽団
原盤：①ドイツ ELECTROLA WALP1025、②78rpm HMV DB6941
録音：①1951年1月4、8-10日、2月16日、ウィーン、モノ

ラル、②1949年2月15日、ウィーン、モノラル

ARD 0076
①ベートーヴェン『交響曲第7番』
②ヨハン・シュトラウス2世『皇帝円舞曲』
ヴィルヘルム・フルトヴェングラー指揮、ウィーン・フィルハーモニー管弦楽団
原盤：①フランス VMS FALP115、②78rpm HMV DB21174
録音：①1950年1月18・19日、ウィーン、モノラル、②1950年1月24日、ウィーン、モノラル

ベートーヴェンの『第7番』は初期盤を使ったが、第1、2楽章にノイズが入る。極力取るようにしてもらったが、限界はあった。

時代のど真ん中で世界を動かしていた男

バーンスタイン&ニューヨーク・フィル
ベルリオーズ『幻想交響曲』(1963年)

バーンスタインが苦難の末にニューヨーク・フィルの音楽監督のポストを得るまでの話はAR 0005（「バーンスタイン、成功への長い道のり」、前掲『クラシック名盤復刻ガイド』21ページ）で述べた。

こうして1950年代後半から、アメリカは「バーンスタイン時代」を迎える。ニューヨーク・フィルが、ではなく、アメリカが、である。

たとえばあのコロムビア・レコードもバーンスタインの録音のおかげで経営が安定し、もちろんニューヨーク・フィルも年間200回近いコンサートが催され、客が押し寄せた。その結果、ほかのアメリカのオーケストラにも客が流れるようになり、アメリカ全体のクラシック業界に好循環が生まれた。まさにその牽引者はバーンスタインだった。

1961年に上映された映画『ティファニーで朝食を』（監督：ブレイク・エドワーズ）のなかで、オードリー・ヘプバーンが「理想の男性は、ネール首相かシュヴァイツァー博士か、レナード・バーンスタイン！」と言ったのもうなずける、そんな状況だったわけである。

そうなってくると今度はバーンスタインが海外のオーケストラを指揮することも多くなる。すると「アメリカの指揮者にもこんな大スターがいた」ということを本場ヨーロッパのファンは知り、結果、またまたアメリカ音楽界の株は上がることになる。

さらにそうなるとバーンスタインとニューヨーク・フィルの人気がすごいから、カラヤンまでもがニューヨーク・フィルを指揮しにくるようになる。ベルリン・フィルを連れてニューヨークに来るのではない。アメリカのオーケストラ、ニューヨーク・フィルを指揮しにカラヤンが来るのである！　これもまたバーンスタイン効果だ。

こうなるともうバーンスタインとニューヨーク・フィルは一大ブランドである。両者はヨーロッパ、ソビエト連邦を楽旅して回ってそのすごさを見せつけ、さらに翌年には極東の島国日本にまで訪れることになる。そのとき、日本のクラシック・ファンの聖地になる東京文化会館のこけら落としがおこなわれたが、そこで登場したのがバーンスタインとニューヨーク・フィルだった。

さて、ここで紹介するのは、まさにアメリカの救世主であり、スーパースターであり、アメリカンドリームの体現者だったバーンスタインが、その絶頂期1963年に録音した『幻想交響曲』。

バーンスタインはこの5年後にもう一度ニューヨーク・フィルと再録音し、さらに1976年にはフランス国立管弦楽団との録音も残している。バーンスタインがこの曲と相性がよさそうなのは感覚的にわかる気がするが、同じコロムビア・レコードで10年の間を置かずに再録音したのはこの『幻想交響曲』と、AR 0038（「人気ミュージカル作家じゃない」、前掲『クラシック名盤復刻ガイド』116ページ）で述べたベートーヴェンの『交響曲第7番』だけだ（コンチェルトは2つ再録音があるが、ソリストが違う）。それだけ愛着がある曲ということになる。

ただ、このような場合、1回目の録音というのはどうしても日の目を見なくなることが多い。2回目の録音が接近しているとなおさらである。実際この1963年の録音は、大昔「SONYロイヤル・シリーズ」で「1968年録音」として間違えて発売されたという妙なエピソードがあるが、それ以外ではほとんど注目されなかった。

しかし、この1963年の『幻想交響曲』。60年代初頭、世界を席巻していたバーンスタインの勢いを感じる。もともとバーンスタインの『幻想交響曲』は、怪奇性や幻想性というものは少ないし、はったりを利かして驚かせるということもないのだが、この63年の録音ではいろいろなところで若い才気あふれた仕掛けを施していて、聴いていてとにかく楽しい。

時代のど真ん中で世界を動かしていた男の、ある種余裕の遊びというような、そんな抜群の才気を感じるのである。

ARD 0077
ベルリオーズ『幻想交響曲』
レナード・バーンスタイン指揮、ニューヨーク・フィルハーモニック
原盤：COLUMBIA MS6607
録音：1963年5月27日、ステレオ

店主がお墓にもっていく10枚のうちの1枚

アンドレ・ナヴァラ『6つのチェロ小品集』

ようやくARDMOREと交渉が成立し、この録音をアリア・レーベルからリリースできる日がきた。店主がお墓にもっていく

10枚のうちの1枚。どうしてもこの録音をアリア・レーベルから出したかったのである。

アンドレ・ナヴァラ。みなさんももちろんその名はご存じだと思う。店主も、まあなんとなく、いくつかの演奏を聴いたことはあった。カレル・アンチェル、ヨゼフ・スークとのブラームスのダブル・コンチェルト、名演といわれるバッハの『無伴奏』、シューベルトの『アルペジョーネ・ソナタ』、バルビローリとのエドワード・エルガーの『チェロ協奏曲』。それらは、フランスのチェリストにあって、なんとなく野太い雰囲気の演奏だった。ただ、実はそれ以上に深い感慨を覚えるということはなかった。

フランスにはピエール・フルニエという巨大な存在があるし、さらにモーリス・ジャンドロン、ポール・トルトゥリエという名手が居並ぶ。また、あえてフランス国外のアーティストをみようものなら、今度は隣国スペインにパブロ・カザルス、ガスパール・カサドという大偉人がいる。

ナヴァラ、なんにしてもちょっと立場が弱い。だから、これまでそれほど強く意識して聴いたことはなかった。

ところがあるとき、ARDMOREから出ているナヴァラの小品集アルバムをなんとなく聴くことになった。始まったのはバッハの『G線上のアリア』。

これがすごかった。正直びっくりした。ジャケットを見返したが、間違いなくナヴァラだった。深々とした重い音色で、ゆったりと奏でられるそのバッハは、軽くみていた店主の心臓をいきなりグイとつかんだ。

続くシューベルトも、そのあとのシューマンも、恥ずかしいくらいの「名曲オンパレード」なのだが……すごい。ジャケットを見ると1950年代の演奏。つまり、ナヴァラが30代後半か40代のころの演奏。だから演奏に艶がある。派手さはないのに、黒光りしている。老成した音楽じゃない。いま働き盛りの音がする。ハンサムで無口な肉体労働者のような、そんな音がする。炎天下の路上で黙々とドリルで地面に穴を開けているタンクトップの青年のような音がする。にじみ出る強さがあるのだ。

これはフランス3人衆とは違う。洒脱さとか、上品さとか、気品とか、そういう上流階級の音はしない。しかし強く、太い。香水の代わりに汗のにおいがする。

またナヴァラには、スペインの2人の巨匠がもつ根っからの明るさや親近感はない。どちらかというと近寄りがたい。すぐに仲間に入れてくれそうな快活さ、陽気さがない。もっと武骨で寡黙で無愛想。しかしそれがまた音楽に、芯のある強さを感じさせる。

ナヴァラはフランス生まれ。しかしよくよく調べてみると、フランスはフランスでもビアリッツというスペインとの国境付近の街に生まれた人だ。だからフランス3人衆とはもともと身体に流れている血が違う。では、その血はスペインに近いのか……というと、どうもそれも違う。

ビアリッツはフランス領バスクに属する。そしてもともと「ナヴァラ」というのは、歴史的なバスク地方の一部として知られている地名だ。バスク民族とは、ヨーロッパでも独自の文化を築いた誇り高い人々。とすると、ナヴァラにバスクの血が流れていてもおかしくない。バスクの血を引いたナヴァラ一族がお隣のビアリッツに移り住んだのか。が、そうした記述はどこにもない。いまもって調べがついていない。

しかしフランスの高雅なチェリストとも違って、ノスタルジックなスペインのチェリストとも違う、独特の感性をもったナヴァラの音楽性。その背景には何か深いものがあるような気がするのである。

それをさらに強く感じさせたのが、ジュール・マスネの『エレジー』。いまさらいい年をした男がマスネの『エレジー』を聴いて泣くようなことはまずない。どちらかというと、あからさまな抒情的メロディーを「ふん」と鼻で笑うのが関の山だ。

しかし、このナヴァラの『エレジー』には……やられた。寡黙でひたむきで、ベタベタした情愛を表には出さないが、そこには魂に深く刻印された何かが存在する。ナヴァラの音楽は「強い」

のだが、天下無敵ではなく、敗北したこともあり、ボロボロにされたこともありながら、いまも気高くひたむきに生きている、そんな強さ。殴られても蹴倒されても、また黙って立ち上がる、そういう底知れぬ強さを感じさせる。
　これ以上何も語る必要はない。この人の演奏を聴けば、人間の強さというものが、勇気というものが、人生というものが何かわかるような気がする。

ARD 0078
アンドレ・ナヴァラ『6つのチェロ小品集』
　バッハ『G線上のアリア』
　シューベルト『楽興の時』
　シューマン『トロイメライ』
　アルベニス『マラゲーニャ』
　マスネ『エレジー』
　ポッパー『ハンガリー狂詩曲』
アンドレ・ナヴァラ（チェロ）、ジャクリーヌ・デュソール（ピアノ）
原盤：ODEON OD 1014
録音：1950年代、モノラル

これがベイヌムなりの回答

ベイヌム&アムステルダム・コンセルトヘボウ管
ブラームス『交響曲第1番』

　エドゥアルト・ベイヌムの代表的名演。かつて名曲喫茶では、哲学科の大学生たちがこぞってこの演奏をリクエストしていた、と宇野功芳が何かの本で語っていた。
　戦時中アムステルダム・コンセルトヘボウ管の第一指揮者だったベイヌムだが、ナチスの支配下にあってほとんど指揮をさせてもらえなかった。彼は、この時代のオランダにあって果敢にも反ナチスの姿勢を貫いていたのだ。だからご存じのように、戦後、追放処分になったウィレム・メンゲルベルクの後を継いで、ベイヌムがこの世界的オーケストラの第3代音楽監督になる。

そこでのベイヌムのスタンスは、あらゆる点でメンゲルベルクとは正反対だった。彼は前任者のような絶対君主ではなく、同胞として友人としてオーケストラに接した。そしてオーケストラに新風を取り入れるべく団員の若返りを図った。それによって戦時中にダメージを受けていた同楽団は、次第に往年の響きを取り戻していく。

そんな1951年3月。半世紀にわたってこのオーケストラに君臨したが、戦後はナチス協力者ということで追放されていたメンゲルベルクが死ぬ。もう少しで演奏解禁になるという目前での死。

この時期メンゲルベルクとともにもう一人の故国の偉人パウル・ファン・ケンペンもときおりオランダに戻ってきて指揮しているが、ナチス協力者だったケンペンにオランダでの復権の道は険しい。

そんな状況で、故国の期待と責任を一身に背負うようになったのがベイヌムだった。もう彼しかいないのである。ところがこの年ベイヌムはロンドン・フィルハーモニー管弦楽団常任指揮者を兼任していたものの、過労で体調を崩し、ほとんど指揮台に立てなくなっていた。このときコンセルトヘボウの団員は複雑な思いを抱いていたはずである。自分たちに未来はあるのか。誰がわれわれを未来に導いてくれるのか。ベイヌムで大丈夫なのか。このブラームスは、そうしたなかで演奏されたものだ。

その演奏は、おそろしいほど果敢で前向きで迷いがない。もったいぶったところが一切なく、ただただ前を向いて進んでいく。一切躊躇しない。

とくに第1楽章冒頭の駆け抜けんばかりの速さは、往年の歴史的指揮者の演奏になじんできた者はきっと驚くと思う。だいたいにおいて、ここはみな過去の思いにとらわれながらゆっくり一歩一歩踏み出していく。しかしベイヌムに迷いはない。ただ前へと突き進むのである。その勢いは終楽章まで貫かれ、終楽章の最後の最後までまったくぶれることはない。おそらくこれがベイヌムなりのオーケストラへの回答だったのだろう。

逡巡している暇はない。過去を振り返っている暇はない。行くぞ、と。

その年、ベイヌムはロンドン・フィル常任指揮者を辞任してコンセルトヘボウに専念することを選択。そして1950年代中期には同楽団と新たな黄金時代を築くことになる。ただ……彼らに60年代の栄光はこなかった。

1959年4月13日。ベイヌムは、くしくもこの曲をリハーサルしている最中に心臓発作に襲われ、この世を去るのである。

ARD 0079
ブラームス『交響曲第1番』
エドゥアルト・ベイヌム指揮、アムステルダム・コンセルトヘボウ管弦楽団
原盤：DECCA LXT2675
録音：1951年9月17日、モノラル

ベイヌムは1958年にもこの曲を録音していて、その評価も高い。そちらは51年の録音に比べると良くも悪くも表情が濃い。

想像以上にバルヒェットのモーツァルトだった

バルヒェット弦楽四重奏団
モーツァルト『弦楽四重奏曲全集』

アリア・レーベル第80弾記念ということでリリースしたのは、店主のかねてからの念願だったバルヒェット弦楽四重奏団のモーツァルト『弦楽四重奏曲全集』。アメリカ盤ではなく、優秀かつ貴重なことで知られるフランスVOX盤からの復刻が可能になったことでリリースに踏み切った。

さて、このバルヒェット弦楽四重奏団のモーツァルト『弦楽四重奏曲全集』。これまで、『弦楽五重奏曲全集』はコロムビアのVOXヴィンテージ・シリーズやARDMOREなどからCD化されて話題になっていたが、この『弦楽四重奏曲全集』だけは、どういうわけかほとんど無視されてきた。CD化されたという話も聞くが、はたして本当に出たのか、手に取ったことはない。だから店主もここにいたるまでその存在を聞かされるばかりで、実際にその音源を聴いたことがなかった。

しかしLPで聴いたことがある人はそのすごさを十分認識していて、評論家の幸松肇は「(バルヒェット四重奏団の演奏では)1959年のディスク大賞を取ったヴォックス盤による、モノーラルのモーツァルトの四重奏団全集が燦然と輝いている。その音量と表情の中には、実に力強い信念が盛り込まれている」(幸松肇『世界の弦楽四重奏団とそのレコード ドイツ・オーストリア篇』アートマンユニオンクラシック音楽事業部、2007年、118ページ)と評し、また福島章恭はこう記している。

「古風なタイプと言えるかもしれない。しかしその頑固なスタイルが、かえって演奏の味わいを深めているのである」(『モーツァルト百科全書――名曲と人生を旅する』毎日新聞社、2006年、210ページ)(ちなみにプレスについてこういう記述もあった。「米ヴォックスのモノーラル盤の全集を愛聴しているが、フランス・プレスやドイツ・プレスのほうが音質は優れているようだ」〔同書210ページ〕)

さて、ということでようやく手に入れたこの貴重な音源。最初に聴いた店主の印象は……。どこかやぼったく、どこか鈍重。とくに春のような初期の番号から聴き始めたからそう思ってしまったのかもしれない。そして店主がこれまで数十年間聴き続けてきたバリリ弦楽四重奏団の印象が強すぎたのかもしれない。

バルヒェット弦楽四重奏団の演奏は、全体的に遅めということもあるし、旋律をうららかに歌い上げることもしない。そのため、あのバリリ弦楽四重奏団の「花」のような名演になじんだ人間には、バルヒェット弦楽四重奏団の演奏はまるで「土埃」のようにさえ感じた。

しかし……バルヒェット弦楽四重奏団がすごいのはそこからである。確かに田舎(いなか)くさく鈍重で、ちょっと聴いた感じではとっつきにくくさえある演奏なのだが、数日たつと、どういうわけかどうしても気になって、また聴きたくなってしまう。そのままお蔵入りさせてもいいのに、何か気になって仕方がない。何か心に引っかかっているのである。

で、再び、おそるおそる聴いてみる。すると、なんと、初めて聴いたときのあの鈍重な印象が消えて、逆にその田舎くささ、やぼったさが、けれんみがない素朴で実直な演奏として、実にスムーズに体に染み込んでくるのである。こうなるともうやめられない。やみつきになってしまう。

結局、やっぱりバルヒェット。

バリリ弦楽四重奏団とバルヒェット弦楽四重奏団、その違いはウィーンとシュトゥットガルトの違いなのかもしれない。あるいは単純にバリリとバルヒェットの芸風の違いなのかもしれない。もちろん優劣などない。しかし、やはりバルヒェットのモーツァルトは想像以上にバルヒェットのモーツァルトだった。

ラインホルト・バルヒェットは1920年8月3日にシュトゥットガルトで生まれた。ヴュルツブルク音楽院で学んだあと、43年にリンツ・ブルックナー管弦楽団に入団。46年には名匠カール・ミュンヒンガー率いるシュトゥットガルト室内管弦楽団のコンサート・マスターになり、その後55年には南西ドイツ室内管弦楽団のコンサート・マスターに就任した。一方でソリストとしても盛んにレコーディングをおこない、47年にはバルヒェット弦楽四重奏団を結成して室内楽活動も活発におこなうようになる。

さて、そのバルヒェット弦楽四重奏団。バルヒェットの演奏がそうであるように、バルヒェット弦楽四重奏団の演奏はなんとも地味で渋い。しかし、その演奏は何度聴いても飽きない。逆に、聴けば聴くほど味わい深くなる。バルヒェットの深いヴァイオリンの音色と温かな人間性が、音楽になんともいえない香りをにじませているのである。

だがこの稀有な芸術家は1962年、わずか41歳で自動車事故でこの世を去ることになる。

バルヒェットはこの世から去ったが、その芸術は消え去ってはいない。われわれには多くの崇高な録音が残された。そういう意味ではわれわれは残酷な神に感謝しなければならない。

今回、フランスVOX盤を見つけてきたのは毎度ながらARDMOREだが、復刻も原盤の落ち着いた雰囲気を大事にしたぬくもりがあるもの。

穏やかで優しい。

ARD 0080-1
モーツァルト『弦楽四重奏曲全集Vol.1』
『第1番K.80』
『第2番K.155』
『第3番K.156』
『第4番K.157』
『第5番K.158』

ARD 0080-2
モーツァルト『弦楽四重奏曲全集Vol.2』
『第6番K.159』
『第7番K.160』
『第8番K.168』
『第9番K.169』
『第10番K.170』

ARD 0080-3
モーツァルト『弦楽四重奏曲全集Vol.3』
『第11番K.171』
『第12番K.172』
『第13番K.173』
『第14番K.387』

ARD 0080-4
モーツァルト『弦楽四重奏曲全集Vol.4』
『第15番K.421』
『第16番K.428』
『第17番K.458「狩」』

ARD 0080-5
モーツァルト『弦楽四重奏曲全集Vol.5』

『第18番K.464』
『第22番K.589』
『第23番K.590』

ARD 0080-6
モーツァルト『弦楽四重奏曲全集Vol.6』
『第19番K.465「不協和音」』
『第20番K.499』
『第21番K.575』

バルヒェット弦楽四重奏団
原盤：フランスVOX VBX12/4
録音：1950年代中期、モノラル

曲が終わるのが切なくなる

ジャニーヌ・アンドラード（ヴァイオリン）
シベリウス、チャイコフスキー、ブラームス『ヴァイオリン協奏曲』

ジャニーヌ・アンドラードは、ドゥニーズ・ソリアーノ、ジネット・ヌヴーと並ぶ「女性ヴァイオリニストの三羽烏」と呼ばれたフランスの名女流奏者である。

1918年にブザンソンで生まれ、名教師ジュール・ブーシュリ、そしてジャック・ティボー、カール・フレッシュに師事した。

シベリウス『ヴァイオリン協奏曲』

残した録音が少なく、このジャン・シベリウスもきわめてレアもので、デンマークのDECCA盤しか発売されていない珍しいLPからの復刻。ちなみに、市場に出れば10万円くらいはするだろうか。というか、それ以前になかなかお目にかかれない盤である。

演奏自体は並み居る競合盤に食い込む完全無欠で壮麗無比な名演とまではいかないが、随所に彼女のきらめきと輝きをみることができるので、彼女の演奏を愛する人には幸せを与えてくれるはずだ。

第2楽章に音揺れがあったり、やや突っ込みを入れたくなる箇所もあるのだが、愛すべき演奏である。

チャイコフスキー『ヴァイオリン協奏曲』

期待どおり、彼女らしいたおやかで上品な演奏が楽しめる。決して押し付けがましくないのにちょっと気になる、あのアンドラード特有のはかなさ。すれ違ったあとふと残り香が漂う、そんな演奏。相変わらず、いい。

第1楽章のカデンツァなどそうとう高い集中力で、聴く者をグイグイ引き込んでいく。彼女の演奏はいつも忘我の境地、まわりに人がいることなどまったく頭になくて、ただ音楽とひたすら戯れているような雰囲気。

ブラームスのところでも述べているが、本当に花びらを撒き散らしながらお花畑で遊んでいる少女のような演奏なのである。こちらはそれをちょっと申し訳なく思いながら、隅からのぞいている、そんな気分になる。……でもそれが幸せなのだ。

ちなみにバックはハンス・ユルゲン＝ヴァルター指揮のハンブルク・プロ・ムジカ交響楽団だが、録音のせいなのかそういう解釈なのか、ときおりかなり個性的な演奏になる。妙な楽器を強調していてちょっと面白かった。

ARDMOREの判断でモノラルでの編集。確かにモノラルのほうが自然に聞こえる。フランス・ヴェガ盤の系列ポラリス盤がオリジナルのようである。今回の再版盤はドイツ盤でステレオ初期録音だが、左右のバランスがおかしい。ソロ・ヴァイオリンが左に片寄りすぎで、オーケストラの配置もおかしく聞こえる。そこで復刻では、モノラル録音を収録した。

マイナー盤の初期ステレオ録音はあまりよくないことが多いので、モノラル録音にしてみると大変聴きやすくなる。

ブラームス『ヴァイオリン協奏曲』

ついにアンドラードのコンチェルト録音3部作がすべてそろった。シベリウス、チャイコフスキー、そしてブラームス。

このブラームスのコンチェルト、絶世の美少女の踊り子に引き合わされたかのような演奏。

アンドラードは、これまでどちらかというと自己主張は弱めの人だと思っていたのに、ここでは歴代屈指の個性の強さをみせている。第1楽章ヴァイオリンの冒頭、たった一音で「うわ」とのけぞると思う。そしてその衝撃は最後まで変わらない。聴いていて、そのあまりの天衣無縫な弾きっぷりに涙さえ出そうになる。こんな、一音一音に弾き手の自我と魅力を感じさせるブラームスの演奏というのはめったにない。

ほとんどの人は、どこまで立派にこの曲を弾くことができるかということに腐心するのに対し、アンドラードは、この難曲を前に一切のしがらみなく自由に踊り回っているのである。まるでカゴから花びらを撒き散らすかのように！　すべてがアンドラードの世界。だからユルゲン＝ヴァルターの伴奏は往々にして合わせられずに置いてけぼりになったり、先走ったりする。

しかしアンドラードは、まったくおかまいなし。全然そんなこと意に介していない。アンドラードの頭のなかにあるのは、ただこの曲でどう「舞う」か、ということだけ。そう、おそらく彼女はここでずっとブラームスとダンスをしているのだ。たいていのヴァイオリニストはしかめっ面のブラームス大先生の前でしゃちほこばってがんばっているのに、この人は、大先生の上着を脱がし、いやがるのを無理やりダンスに誘っている。

こんな演奏があるのか。参った。終楽章、曲が終わるのが切なかった……。

小品集

あるとき、ARDMOREが正体不明の真っ白なサンプルCD-Rを送ってきた。ARDMOREの社長がこんなふうに演奏家をわからないようにしてサンプルを送り付けてくるときというのは、いやらしいくらい自信があるとき。うーん。乗せられるのはいやだが……聴いてみるか。

ヴァイオリンの小品集である。でもあまり聞き覚えがない曲。演奏家もわからない。未知の曲だからか、すっとした近寄りがたい崇高さと気高さを感じる。何か神がかった演奏。一転してアクロバティックな曲では魅力的なヴィルトゥオーゾぶりを発揮。

そのあとでようやく聴いたことがあるジョヴァンニ・バッティスタ・ペルゴレージの作品が始まった。……これは……知っている。曲が、ではなくこの演奏を。そうか……ベストセラーになりながら廃盤になった日本コロムビアの「スプラフォン・ヴィンテージ・コレクション31」(COCQ 83872)に収録されていたアンドラードの演奏だ。

コンチェルトのように天衣無縫ではないが、やはりこちらに半身を向けたような、ちょっと「すっとした」演奏。いかにもアンドラードらしい、チャイコフスキーのところでも述べたが、すれ違ったあとにふと残り香が漂うような演奏。

ARDMOREは、今回も優秀な原盤を見つけてきてくれた。

ARD 0082-1/2（2CD-R）
ジャニーヌ・アンドラード（ヴァイオリン）

①シベリウス『ヴァイオリン協奏曲』
ニルス＝エリク・フォグステッド指揮、フィンランド放送交響楽団
②チャイコフスキー『ヴァイオリン協奏曲』
ハンス・ユルゲン＝ヴァルター指揮、ハンブルク・プロ・ムジカ交響楽団
③ブラームス『ヴァイオリン協奏曲』
ハンス・ユルゲン＝ヴァルター指揮、ハンブルク・プロ・ムジカ管弦楽団
④小品集
モンドンヴィル『ヴァイオリン・ソナタ第4番ハ長調』*
マッテゾン『アダージョ・エスプレッシーヴォ（組曲ハ短調より）』*
リース『常動曲Op.34』*

ペルゴレージ『ヴァイオリン・ソナタ第1番ハ長調』**
ラモー『「栄光の神殿」ガヴォット』**
パガニーニ『ラ・カンパネラ』**
アルフレード・ホレチェク（ピアノ）*、ヤン・パネンカ（ピアノ）**
原盤：①DECCA DLP9001デンマーク盤、②TIP CLASSIC 633508、③VEGA 30MT10121、④SUPRAPHON LPM 390
録音：①1959年、モノラル、②1960年代初期、モノラル、③1950年代後期、モノラル、④1956-57年、モノラル

こちらの精神状態や身体状況に関係なく、いや応なしに迫ってくる

ミシェル・オークレール
チャイコフスキー『ヴァイオリン協奏曲』

ミシェル・オークレール

その演奏はヴァイオリンがもつ音の繊細さ、楚々としたしなやかさのなかに、得も言われぬ風情と香気を感じさせる。

チャイコフスキー

ARDMOREの社長が、アーティスト名を伏せてサンプル盤を送ってきた。またいつもの調子で「絶対すごいから聴いてみて、絶対コメントを書きたくなる。でも誰の演奏かは教えませんで」と言って送ってきたのである。

社長の性格は別として、いまはもうARDMOREがリリースすものは99パーセントすごいとわかっているから、その言葉を信じて無条件でそのサンプルを聴いてみた。

チャイコフスキーの『ヴァイオリン協奏曲』だった。しばらくしてヴァイオリンが始まった。

いきなりすごい。熱い。激しい。しかし輪郭はくっきりとして

絶対に崩れない。でも、かなり個性的に強引に強烈に迫ってくる。そう、本当に迫ってくる。こちらの精神状態や身体状況に関係なく、いや応なしに迫ってくる。

男か女か……この獰猛な気質はおそらく女。ヌヴーとかアンネ＝ゾフィー・ムターとか、そういう異様なエネルギーの高まりを感じる。ヴァイオリンの音色だけで部屋の室温を2度ほど上げる、そういう演奏。

第1楽章のカデンツァではもう震えが止まらなくなった。普通じゃない。背中に悪寒が走るのだ。誰なんだ、この人、頼むから教えてくれ……。

ARDMOREの社長に頭を下げるなんて絶対にイヤだったが、背に腹は代えられず、電話をする。

「どうか教えてほしい、誰なんですか、この人は」

「知りたいんでしょう？　知りたくてたまらないでしょう？　コメント書きたくてたまらなくなったでしょう?」

「う、ううう」

「教えてあげましょうか」

「た、頼む」

「これは……ですね……誰でしょうね」

「じらすのはやめてくれ、頼むから教えてくれ」

「くっくっく……じゃあ、教えてあげましょう、これは……オークレールですよ」

ポカン。え？　いや、それはないだろう。オークレールのチャイコフスキーなら何回も聴いた。カップリングになっていたメンデルスゾーンは本でも紹介した名演だ（拙著『クラシックは死なない！――あなたの知らない新名盤』青弓社、2003年、170ページ）。そしてチャイコフスキーも可憐な花のような演奏だった……が、それとこの演奏は全然違う。

「あ、いや、それは……違う……これは……オークレールじゃない」

「何言うてますの、オークレールです」

「いや……しかし、こんなに激しくなかった。オークレールのチャイコフスキーはもっと、こう優しくてエレガントで」
「それは60年代のPHILIPSの録音ですやろ、これは50年代のREMINGTONの録音」
「そんなのがあったか……」
「何言うてますの、15年前にこの演奏がすごいと言ったのはあんたやろ」
「へ?」
「池袋のWAVEにいたころ、音のわるーい復刻CDを絶賛してましたやないですか」
「そ、そうだったか……全然覚えてない……」
「今回のうちのリマスタリングはいいですぜー、最高ですやろ?
これなら誰にでも胸張って薦められますやろ?」
「あ、ああ……確かに悪くない……あ……だんだん思い出してきた……あの演奏か……」
「ほんなら、しっかり今度紹介してくんなはれよ」
「ううう……口車に乗るのはいやだが……しかし、やっぱりすごいものはすごいということか……」
ということでこのオークレールのチャイコフスキー、1950年代のREMINGTONの録音だった。
ちなみに初版盤の材質と異なるからか、全体に貧弱な音がするとされている再版盤。REMINGTON初版盤（シュラック盤）の音はすごいことで有名だが、実は盤質はあまりよくない。そのためこのCD-R盤は、あえて再版盤を使用した。誰も知らない再版盤に秘められた音を再認識することができるはず。
「通常、再版盤をモノラル再生して、こんな音を聴くことはできない」（ARDMORE）

マックス・ブルッフ

オークレールの代表的名演であるブルッフの『ヴァイオリン協奏曲第1番』。

彼女の演奏をいつか、「アリアCD新譜紹介コーナー」で「清楚であえかで瑞々しい演奏。朝露にさえ折れてしまいそうなのに、必死で花を咲かせるスミレのような」と評したが、このブルッフはまさにその雰囲気。

第1、2楽章はちょっとかたいが、終楽章でオークレールらしさが全開になる。

モーツァルト

オークレールのモーツァルトである。

ところがここでのオークレール、後年の演奏というのもあって、彼女の録音のなかでいちばん「人間的」で結構生々しい。30代後半、やはり20代のころとは違うのである。ある意味、最もオークレールという人間を感じさせる演奏といっていいのではないか。激しささえ感じさせる。

ARD 0083-1/2（2CD-R）
①チャイコフスキー『ヴァイオリン協奏曲』
②ブルッフ『ヴァイオリン協奏曲第1番』
『コル・ニドライ』
③モーツァルト『ヴァイオリン協奏曲第4番』『第5番』
ミシェル・オークレール（ヴァイオリン）、①クルト・ヴェス指揮、ウィーン交響楽団、②ヴィルヘルム・ロイブナー指揮、ウィーン交響楽団、③マルセル・クーロー指揮、シュトゥットガルト・フィルハーモニー管弦楽団
原盤：①REMINGTON R199-20、②REMINGTON R199-27、③FONTANA 698087FL
録音：①1950年代初期、モノラル、②1952年、モノラル、③1961年12月、モノラル

心からいとおしいと思える

ミシェル・ブシノー
小品集、オーベール&ヘンデル

パリ音楽院教授ブーシュリ門下といえばヌヴー、オークレール、ローラ・ボベスコ、アンドラードなどの日本でも人気が高い女性奏者が居並ぶ。ミシェル・ブシノーもそのブーシュリ門下の一人。

ブシノーは生年月日不詳。1953年、第2回ミュンヘン国際音楽コンクール最高位入賞。録音がきわめて少ないこともあって知名度は低いが、その清らかで涼やかなヴァイオリンは伝説的に語り継がれていた。

この復刻ではそのブシノーのいろいろな演奏が聴けるのだが、特筆すべきはその小品。実に高貴な音楽なのである。ただ、その原盤はちょっとやそっとじゃ手に入らない。しかも、もし手に入ったとしてもきわめて高い（オークションで見るかぎり、8万円から30万円ほどだった）。

そこでARDMOREの社長に、「ブシノー、小品集録音があるらしいじゃない？　ちょっと手に入れてみてよ」とむちゃな要求をしてみた。そうしたらARDMOREの社長がこう言い放った。「もう手に入れてまっせ」。嘘……。

しかし、嘘ではなかった。で、さっそく送られてきた録音を聴いてみた。

店主には心から愛するジャック・ゲステムのヴァイオリン小品集がある（「自分の棺のなかに入れることになると思う」、前掲『クラシック名盤復刻ガイド』159ページ）。そうおいそれとそのアルバムと比べるようなことはしたくない。……なのだが……これはすばらしい。高貴で品がある。

まだ3回しか聴いていないが、心からいとおしいと思える。ゲステムのアルバムとはまったく別の次元で手元にずっと置いておきたくなる、そんな演奏。

いったい過去のLPにはどれだけものすごいお宝が眠っているのだ？　そして、どうして誰もそれを掘り起こそうとしないのだ？

ARD 0084-1
①タルティーニ『コレッリ主題による変奏曲』
パガニーニ『奇想曲第13番変ロ長調』『第9番ホ長調』
シューベルト『アヴェ・マリア』
イザイ『マズルカOp.11-3』
ヴィエニャフスキ『華麗なるポロネーズOp.4』
ポルディーニ『踊る人形』
フォーレ『子守歌Op.16』
ラヴェル『ツィガーヌ』
②オーベール『ヴァイオリン協奏曲ニ長調』『イ長調』
③ヘンデル『ヴァイオリン・ソナタ第4番ニ長調Op.1-13』
ミシェル・ブシノー（ヴァイオリン）、①ジュヌヴィエーヴ・デュフレーヌ（ピアノ）、②ロジェ・ブルダン（フルート）、ローランス・ブーレイ（チェンバロ）、ベルナール・ワール指揮、ヴェルサイユ室内管弦楽団、③モーリス・フォール（ピアノ）
原盤：①FESTIVAL FLD84 、②CONTREPOINT MC20135 、③78rpm PATHE PDT246/7
録音：①1957年、モノラル、②1957年、モノラル、③1951年、モノラル
ARD 0084-2/3との3枚組みセットでの販売。

こんな人がいたのか

ローザ・ファイン
シューベルト、ロカテッリ、タルティーニ、ブラームス

1929年生まれ、ソビエトの女性ヴァイオリニスト、ローザ・ファイン。オイストラフの弟子であり、1957年に第3回ヘンリク・ヴィエニャフスキ国際ヴァイオリンコンクールで優勝。

現在ではほとんど知る人はいないが、MELODIYAにはモーツァルトやヴィエニャフスキの協奏曲を残していた。小品も少なか

らず残っている。……いや、これを聴くかぎり「小品」じゃない。深く太い、まさに師を思わせる濃厚演奏。ときにグググと地の底から音が出てきて心臓をつかまれそうになる。

さらにそこに師匠にはなかった女性的な「情」も加わる。あえていうならば「重量級濃厚小品」。時間は短いが、「小品」と呼ぶにはあまりに重厚で巨大。

当然そのあとに登場するブラームスのソナタなど、濃芳醇どぶろくのような味わい（このブラームスのソナタが入ったLPも中古ではとんでもない値段になっている）。

いずれにしても女性ヴァイオリニスト・ファンにはちょっとたまらないと思う。店主も最近このアルバムばかり聴いている。

ローザ・ファイン……こんな人がいたのか。

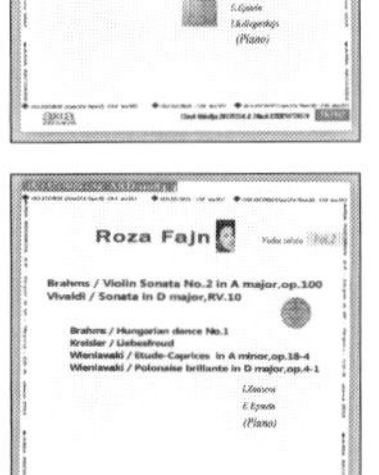

ARD 0084-2/3（2CD-R）

①シューベルト『ヴァイオリンとピアノのための「幻想曲」ハ長調』*
ロカテッリ『ヴァイオリン・ソナタ第1番』
サラサーテ『バスク奇想曲』
②タルティーニ『ヴァイオリン・ソナタ ト短調「悪魔のトリル」』
サン＝サーンス『序奏とロンド・カプリチオーソ』
ヴィエニャフスキ『スケルツォ＝タランテラ』
③ブラームス『ハンガリー舞曲第1番』
イザイ『エクスタシー』
ラヴェル『クープランの墓』より「リゴドン」
ヴィヴァルディ『ソナタ』より「アダージョ」
ヴィエニャフスキ『エチュード・カプリース第4番』
④ブラームス『ヴァイオリン・ソナタ第2番』
ラフマニノフ『ヴォカリーズOp.34』
ヴィヴァルディ『ソナタ ニ長調RV.10』
ヴィエニャフスキ『華麗なるポロネーズ第1番』

ローザ・ファイン（ヴァイオリン）、①ボリス・ペトルシャンスキー（ピアノ）*、エウゲニー・エプステイン（ピアノ）、②イナ・コレゴルスカヤ（ピアノ）、③イリーナ・ザイツェヴァ（ピアノ）、④エウゲニー・エプステイン（ピアノ）

原盤：①MELODIYA D013935/6 、②ETERNA 720110 、③MELODIYA D5572/3 、④MELODIYA D016595/6

録音：①1950年代後期、モノラル、②1957年、モノラル、③1950年代後期、モノラル、④1950年代後期、モノラル

ARD 0084-1との3枚組みセットでの販売。

聴いているほうも背筋がピンとなる

スウィトナー指揮＆シュターツカペレ・ドレスデン
マーラー『交響曲第1番』

シュターツカペレ・ドレスデン。

1548年にザクセン選帝侯の宮廷楽団として設立されたオーケストラ。

時代はまだルネサンス。ドレスデンにあこがれたバッハが生まれるのはまだ130年以上も先。そんなころに設立された団体。まさに神話か伝説。

だからこのオーケストラには、ほかのオーケストラとの比較を許さない別次元的な存在感がある。楽器がどうとか演奏家がどうとかじゃない、オーケストラ自体が特殊な宇宙をもっているとでもいおうか。

そんなシュターツカペレ・ドレスデンを久しぶりにご紹介することになった。選んだのは1962年のオトマール・スウィトナーが指揮したマーラーの『交響曲第1番』。

同曲の名盤に必ずしも顔を出す常連録音ではない。どちらかというと「そんなのあったかな」という感じか。ただ、実際に聴いた人は、「マーラーのいちばんの名演はどれ?」と尋ねられると、いくつかの名盤を挙げたあとで必ず「うーん……あと、あのドレスデンの古い録音も……」と、この演奏を思い出すことになる。

そういう名盤。

「おれがおれが」という自己主張が強い演奏ではない。なんというか、朴訥とした親しみやすい貴族のような演奏。ただ伝統的・特徴的な管も弦もみな一心不乱に演奏しているさまが見えるようで、その一生懸命さ、素朴さがほかのオーケストラとは違う芳香を放つ。

いやいや、そんな、学生じゃないんだから一生懸命さが感動や名演を生み出すなんて……と笑われるかもしれないが、当時の東ドイツは、まだ戦後を引きずっている。レコード録音はもちろん、食料にさえ困っていた時代。一回一回の演奏会に、一回一回の録音に、団員たちはそうとう強い思い入れがあったのではないか。だから終楽章、締めるところはキリリと締めて、鳴らすところはズンズン鳴らして、やっぱりただの田舎貴族じゃなかったんだ、と聴いているほうも背筋がピンとなる。

録音場所は、やがてこのオーケストラの録音の代名詞ともなるドレスデン・ルカ教会。そのホールトーンの美しさは言語を絶する。

1958年にベームが指揮したリヒャルト・シュトラウスの『ばらの騎士』からこの教会で録音がなされるようになり、その後国費を投入してクラシック音楽録音スタジオとして改築がおこなわれた。そしてその後に数多くの名盤が生まれるわけだが、このマーラーは、そうした名録音史を飾った最初期の名演というわけである。

ARD 0085
マーラー『交響曲第1番』
オトマール・スウィトナー指揮、シュターツカペレ・ドレスデン
原盤：ETERNA 825365
録音：1962年5月22-24日、ドレスデン・ルカ教会、ステレオ

魔術師マリの芸当をたっぷり

ジャン=バティスト・マリ指揮
管弦楽小品集

ジャン=バティスト・マリ。店主が偏愛する指揮者である。

チェリビダッケ、ヴァント、ショルティらと同じ1912年生まれ。フランスではイーゴリ・マルケヴィチと同い年。いわゆる大指揮者の世代に属するマリだが、結局「巨匠」という栄誉に浴することはなかった。理由は簡単である。フランスのバレエ音楽を中心にした軽い録音しか残さなかったからだ。おそらく彼もそれでよしとする、良くも悪くも好人物だったのだろう。だからか、どの演奏を聴いてもメンバーが実に楽しそうに生気あふれた音楽を聴かせてくれる。

しかしオーケストラ・トレーナーとしてはおそらく落第者だったらしく、コンセール・ラムルー管弦楽団は、マルケヴィチが去って、マリが首席指揮者に就任してから実力的には凋落の一途をたどった。マリは、ラムルー管でみんなと楽しく時を過ごすことで満足していたのではないか。事実、メンバーはどんどん高齢化し、やがて大きな問題になっていった。マリは、年を取ったという理由でメンバーを入れ替える必要など感じなかったにちがいない。

でも、だからといってマリの音楽がつまらないというわけではない。……とんでもない！　このアルバムも無名の曲が多いのに、こんなにも楽しませてくれるなんて！　マリが指揮をすると無名の曲がとんでもない名曲に聞こえる。最も有名なミハイル・グリンカの『ルスランとリュドミラ』序曲がいちばんおとなしく聞こえるほど、ほかの曲も魅力的なのだ。

とにかくすごいのはフランツ・フォン・スッペの『詩人と農夫』序曲。感無量だ。この曲がこんなにも美しい曲だったとは。冒頭しばらくして出てくるチェロの部分では、感極まって思わず絶句すると思う。普通ここはオーケストラが鳴り終わってから、チェロはひっそりと奏でられる。しかし、マリはオーケストラを響かせたまま、そのなかからすーっと魔法のようにチェロを浮かび上がらせる。オペラ合唱が鳴り響いていて、気づくとプリマドンナの美声だけが突き抜けて出てくる、あの感じ。そして通常よりも明らかに強調されるハープの伴奏。こんなにも美しい音楽に出合えることは人生でそう何度もあることではない。あまりに美しすぎて、この世のものとは思えない。その美しさが人の心に染み入って、何かを突き動かす。自分もこの音楽を聴くたびに、人生をやりなおす勇気をもらえる。生きていていいんだという許しをもらえる。この曲だけはその後カラヤンやシャルル・デュトワやアルフレート・ヴァルターやアンタル・ドラティほかいろんな人の指揮で聴いてみたが、みんなうまいけれど、マリを聴いたときのようにはならない。マリは特別なのである。もうそれは天性の感覚というしかない。そして、それは誰にも受け継がれることはなく、受け継がれようもなく、マリ一代で終わってしまった特別な音楽作りだった。

このアルバムは、もとはフランスMANDALAレーベルで出ていた（下記のフランソワ＝アドリアン・ボワエルデュー以下の5曲）。その年のアリアCDの売り上げベスト10に入った思い出の盤。それは店主がお墓にもっていく10枚のうちの1枚なのだが、レーベル消滅で入手できなくなってしまい、みんなに薦められなくなっていた。そこで今回原盤を探して1枚の復刻アルバムとして完成させたというわけである（今回はウェーバーの3曲も入れてみた）。

MANDALA盤では音割れが発生していたアレクサンドル・ルイジーニの曲も、LPからの復刻なのでそれはない。魔術師マリの芸当をたっぷり堪能してほしい。

ARD 0086
①ウェーバー『舞踏への勧誘』
『オベロン』序曲*
『魔弾の射手』序曲
②ボワエルデュー『バグダッドの太守』序曲
ルイジーニ『エジプトの舞踊』（抜粋）
シャブリエ『気まぐれなブーレ』
スッペ『詩人と農夫』序曲
グリンカ『ルスランとリュドミラ』序曲
ジャン＝バティスト・マリ指揮、パリ音楽院管弦楽団、コンセール・ラムルー管弦楽団*
原盤：TEPPAZ 30517、30518、30S17
録音：1960年代初期、①ステレオ、②モノラル

正体不明の指揮者ラルフ・デ・クロス

ベルリオーズ『幻想交響曲』
ワーグナー『管弦楽曲集』

　ラルフ・デ・クロス。この人物は詳細不明で、何を調べても載っていない。しかし、昔聴いた『幻想交響曲』がすごかった。オーケストラはパリ・プロムナード管弦楽団という覆面っぽい楽団。しかしデ・クロスという人の的確かつ大胆な指揮ぶりによってきわめて奇想天外、荒唐無稽、波瀾万丈な一大絵巻を堪能できる。聴いてもらえばわかると思うが、この人は、オーケストラを仕切るカリスマ性も、深い音楽性も、豊かな個性も持ち合わせた間違いなく一流指揮者だ。

　しかしデ・クロスは、まったく知られていない。だからその『幻想交響曲』録音だけの一発屋か、あるいは「デ・クロス」というのも誰かの変名だろう、くらいにしか思っていなかった。

　そんなときに見つけたのがワーグナーの『管弦楽曲集』。そうしたら、これがさらにすごかったのである。期待どおりの、いやそれをはるかに上回る超・巨匠演奏。とくに『タンホイザー』。これを聴いて少なくとも2人が「フルトヴェングラーですか?」と聞いてきた。しかし、フルトヴェングラーとは違う。もっと異様な感じ。

　ラスト5分、ここまでこの曲を解体して、しかも強力にバージョンアップして組み立て直した指揮者がいただろうか。デ・クロスのもとで生まれ変わった新しい音楽は、激しくうねりながら怒濤のようにこちらに押し寄せてくる。決して言い過ぎではない。

　それはほかの曲でも同様で、デ・クロスは、間違いなくただものではない。現在完全に忘れられているのが絶対におかしい、とんでもない男だと断言する。ひょっとすると、ここでアリアCDが紹介したことでもう一度日の目を見るかもしれない。そして大巨匠のリストにその名を刻むかもしれない。あるいは契約上本名を出せない、ものすごい巨匠の「変名」演奏だったりするのか……。とってつけたようなオーケストラの名前からしても、その可能性は高い。でも、どうかとりあえずここで覚えておいてほしい。デ・クロスという完全無名の指揮者が残したものすごい演奏があったということを。

音は聞き苦しくはないが、決していいものではない。しかしその音の雑味が、この大胆不敵で正体不明の男の音楽をさらに神秘的にしてくれる。

ARD 0087
ワーグナー『ニュルンベルクのマイスタージンガー』前奏曲
『トリスタンとイゾルデ』より前奏曲と「イゾルデの愛の死」
『タンホイザー』序曲
『ワルキューレ』より「ワルキューレの騎行」
『ワルキューレ』より「魔の炎の音楽」
ラルフ・デ・クロス指揮、パリ国立交響楽団?
原盤：PERIOD SHO315
録音：1950年代後期、モノラル

ARD 0088
ベルリオーズ『幻想交響曲』
ラルフ・デ・クロス指揮、パリ・プロムナード管弦楽団?
原盤：PERIOD SHO325
録音：1950年代後期、モノラル

指揮は、そこにいないトスカニーニ

シンフォニー・オブ・ジ・エアー／再出発コンサート
ドヴォルザーク『交響曲第9番「新世界より」』

トスカニーニは1954年6月、68年にわたる指揮活動に完全なる別れを告げた。それによって彼がこれまで率いていたNBC交響楽団は必然的に解散することになる。

しかし多くの人々の希望を受けて、NBC響は「シンフォニー・オブ・ジ・エアー」という自主運営オーケストラとして存続することになる。そして彼らはトスカニーニに、「われわれはいつでもあなたの帰りを待っています。いつでも指揮しに戻ってきてください」と伝え、そのときを待った。……が、トスカニーニは残念ながらその思いをかなえることはなかった。

そうしたなかおこなわれたシンフォニー・オブ・ジ・エアーの最初のコンサート。1954年10月27日、ニューヨーク・カーネギーホール。彼らは指揮者を呼ばず、指揮台を空にしたまま、かつてトスカニーニの下でたびたび取り上げた作品を演奏した。

取り上げたのは次の4曲。

- ベルリオーズ序曲『ローマの謝肉祭』
- チャイコフスキー『くるみ割り人形』組曲
- ドヴォルザーク『交響曲第9番「新世界より」』
- ワーグナー『ニュルンベルクのマイスタージンガー』第1幕への前奏曲（アンコール）

あるときARDMOREの社長が、「あの指揮者なしの10月27日演奏会のメインだった『新世界』、音盤もってますよ。しかもそうとういい盤で」と言ってきた。前記の歴史的なコンサートのメイン曲『新世界』の盤をもっているというのである！　すぐにアリア・レーベルでリリースすることを決断し、ARDMOREからのサンプル盤を待った。

初めて聴いたシンフォニー・オブ・ジ・エアーの『新世界』の演奏は、指揮者不在なだけにさすがにほころびもあった。音の出だしや管楽器の音量など、団員たちが戸惑いながら試行錯誤している瞬間も読み取れる。その綱渡り的スリルを楽しむという禁断の聴き方もあるだろう。

しかし、その音楽のなんと優しく、いたわりに満ちていることか。第2楽章の息遣い、間合い、空気感。そして なんと鬼気迫る緊迫感に満ちていることか！　第3楽章終盤、そして終楽章での、大地を揺るがすような息詰まる劇的展開。これが統率者がいない集団が生み出した音楽だと信じられるだろうか。間違いなく彼らはそのとき、かつて指揮台に立っていたトスカニーニの動きを追っていたはずである。つまりこの録音は、そこにいない指揮者が指揮し、しかもおそるべき結果を生み出した、録音史上稀有な演奏というわけである。

後半には前月9月におこなわれたスタジオ録音3曲を収録。こちらのほうはテンポよく破綻なく進む。あまりにうますぎるので、ひょっとしたら本当は10月のコンサートのあと録り直したのかもしれない……というのは勝手な推測だ。

ARD 0089
シンフォニー・オブ・ジ・エアー
1954年10月27日再出発コンサート
ドヴォルザーク『交響曲第9番「新世界より」』
1954年9月21日スタジオ録音
ワーグナー『マイスタージンガー』前奏曲
ベルリオーズ序曲『ローマの謝肉祭』
チャイコフスキー『くるみ割り人形』組曲

シンフォニー・オブ・ジ・エアー
原盤：ROULETTE RSP1
録音：1954年9月21日、10月27日、モノラル

コンサート・マスターはNBC響からずっと引き継いでいるダニエル・ギレ。ボザール・トリオ創立メンバーとして知られる名手である。

破綻の一歩手前でぐっとこらえているのはおそらくこの名手のおかげだと思う。

何かを打ち破ろうとするような強烈な意思

オッテルロー＆ハーグ・レジデンティ管
ベートーヴェン『交響曲第9番「合唱」』(1964年)

コンサート・ホール・ソサエティ（Concert Hall Society）は戦後アメリカで生まれ、その後ヨーロッパ、日本などにも進出し、1970年代までそこそこ人気を博したクラシック中心のレコード通信販売会社である。大量の音源をリリースしているが、音質がもうひとつということと出どころが怪しい音源などもあることから、若干軽んじられる傾向があった。

しかし、ミュンシュ、ピエール・モントゥー、カール・シューリヒト、マルケヴィチ、ブーレーズ、リリー・クラウス、ヴラド・ペルルミュテール、オイストラフなど大演奏家の貴重な独自録音が多数存在すること、無名演奏家の録音にも注目すべき名演が交じっていたりすることから、最近になって多くの信奉者を生んでいる。有名演奏家の録音については、いくつものCDが復刻発売されているのはご存じかと思う。

さて、そんなコンサート・ホール・ソサエティのアルバムのなかにベートーヴェン『交響曲全集』のセットがあった。装丁もかなり豪華だった。

ただ、一人の指揮者によるものではなく、『第1番』クレツキ、『第2番』モントゥー、『第3番』クレツキ、『第4番』モントゥー、『第5番』クレツキ、『第6番』ミュンシュ、『第7番』オッテルロー、『第8番』オッテルロー、『第9番』オッテルローという、豪華なんだか雑多なんだかわからない不思議な布陣。ここで紹介するのは、そのなかのウィレム・ヴァン・オッテルロー指揮の『交響曲第9番「合唱」』。

オッテルローは1907年生まれのオランダの指揮者だ。彼の64年の『第9』は、一部ではずっと絶賛されてきた名演であるにもかかわらず、これまでほとんど顧みられないできた。コンサート・ホール音源復刻に熱心なレーベルもオッテルローまでは手が届かないし、オッテルローの音源復刻に熱心なレーベルも、コンサート・ホール音源までは手が届かない。そんなわけでずっとお蔵入りだった。

さらに、オッテルローにはモノラル音源とはいえ秀逸な1952年5月のPHILIPS録音（AR 0105、本書「これを聴いて悪く言う人に会ったことがない」）がある。わざわざド・マイナーなコンサート・ホール音源を聴かなくても……と敬遠されてしまっているのである。

しかし聴いた多くの人がこの演奏に引き込まれる。確かに音は軽いし粗いが、演奏の充実度、感銘度、燃焼度の点ではPHILIPSの『第9』に全然負けていない。速めのテンポで苛烈に突進していくそのエネルギー。一音一音をくっきりはっきりメリハリをつけて描ききるその鮮やかさ。正統派のようにみせながら、ありえないくらい内声部を強調してはっと息をのませる個性。「そこはもうちょっと間を空けるだろう」というところをまったく休まないで一気呵成に突き進む怒濤の展開。

知的でスタイリッシュな余情がにじみ始めると、分厚い塊のようなパワーでそれをあえて叩き割る意外性。優雅で甘い香りを漂わせながらも、決して心の底から聴く者を解放してはくれない得体の知れない緊張感。地の底から這い上がって聴く者を追い詰めてくる、戦時中の大巨匠のような圧迫感。

なにせ普通の『第9』ではないのである。かつて紹介したベルリン・フィルとの『幻想』（1951年、モノラル、AR 0047、「もしフルトヴェングラーが『幻想』を録音していたら」、前掲『クラシック名盤復刻ガイド』138ページ）をほうふつとさせるエキセントリックかつダイナミックな大型演奏。

もちろん1952年のPHILIPS録音もすばらしい演奏だった。しかし、こちらの64年の新録音には、あえて自分のなかの何かを打ち破ろうとするような強烈な意思を感じる。

終楽章の合唱／声楽がいやに遠いのが惜しまれるが、それを差し引いてもいろいろな刺激と感動を与えてくれる名演といっていい。

自分はかつてオッテルローについてこんなことをいったことがある。

> それにしても不思議なのは、これだけの人をどうしてオランダという国はみすみす飼い殺しにしたのか。
> ベイヌムが亡くなって、コンセルトヘボウの次の頭首は当然オッテルローではなかったのか。なぜそこで若きハイティンクだったのか。
> 60年代に入ると、オッテルローはまるで祖国を毛嫌いするかのように海外に活動の場を求め始めた。
> またPHILIPSの録音も激減する（というか契約を切られた）。
> 何があったのか。
> これだけの才能がありながらなぜ彼は祖国で名を成さなかったのか。
> そしてメジャー・レーベルで活動を続けなかったのか。
> （アリアCDウェブサイト）

オッテルローがメジャーを離れて、手兵であるハーグ・レジデンティ管弦楽団と自由に録音したこの1964年の『第9』の快演。ここにはその問いの回答のようなものが隠れている気がするのである。

ARD 0090
ベートーヴェン『交響曲第9番ニ短調「合唱」』
ウィレム・ヴァン・オッテルロー指揮、ハーグ・レジデンティ管弦楽団
アムステルダム・トーンクンスト合唱団、マリア・シュターダー（ソプラノ）、ソフィア・ヴァン・サンテ（アルト）、エリック・タピー（テノール）、フランツ・クラス（バリトン）
原盤：CONCERT HALL SMS2400
録音：1964年9月17-19日、ステレオ

ここまですごいとは思わなかった

クレツキ指揮＆南西ドイツ放送交響楽団
ベートーヴェン『交響曲第5番「運命」』
『交響曲第3番「英雄」』

ここまですごいとは思わなかった。数人の方に聞かされていた。「クレツキの、コンサート・ホール録音のベートーヴェンがすごい」と。そして、ぜひ復刻するように、と。

クレツキには、1960年代後半のチェコSUPRAPHONレーベルでのベートーヴェン『交響曲全集』がある。レーベルを代表する名演として名高い。しかしそれとは違う、60年代前半、コンサート・ホール・ソサエティに残したベートーヴェン録音がすごいというのである。

前項の「何かを打ち破ろうとするような強烈な意思」でも述べたが、コンサート・ホール・ソサエティは、戦後アメリカで生まれ、その後ヨーロッパ、日本などにも進出し、1970年代までそこそこ人気を博したクラシック中心のレコード通信販売会社である。そのコンサート・ホール・ソサエティのアルバムのなかに、数人の指揮者によるベートーヴェン『交響曲全集』のセットがあった。

で、これが、一部ではずっと絶賛されてきた名演であるにもかかわらず、これまでほとんど顧みられないできた。とくにひそかに語られていたのが前に紹介したオッテルローの『第9』と、クレツキの『運命』と『英雄』。今回取り上げた2つの録音というわけである。

それが今回、『英雄』と『運命』のいい盤が手に入ったので聴いてみたのだが……。すごかったのである。それでわかった。どうしてチェコのSUPRAPHONレーベルは、1960年代、レーベルの金字塔的存在になるベートーヴェン『交響曲全集』を、絶頂期の首席指揮者アンチェルではなく、クレツキに任せたのか。その全集がどうして半世紀以上にわたって一度もカタログ落ちしなかったのか。そして60年代の録音にもかかわらず、どうしてその全集録音がいまの時代にSACDシングルレイヤー化されて再発売されたのか（そしてすぐに完売したのか）。そして数年前に発売された「EMI 20世紀の偉大な指揮者たち」シリーズ（全40巻）のなかで、どうしてEMIはクレツキを大きく取り上げ、そのアルバムが同シリーズのなかで最も早く売り切れになったのか。そして……もっと時をさかのぼれば、どうしてフルトヴェングラーは1920年代、この人を呼んでベルリン・フィルを指揮させたのか。……SUPRAPHONもEMIも、一部のファンも、そしてフルトヴェングラーも知っていたのである。このクレツキという人がいかにすごいかということを。

今回のこの『運命』、この『英雄』。静かに、しかしひるむことなく、たたみかけるように追い込みをかけてくる。迫ってくる。にじり寄ってくる。そして聴く者に厳しく問いかけてくる。どうするのか。生きるのか。生きないのか。そのままでいるのか。それとも進むのか。

このすごみ。ぶん殴られても蹴倒されても、相手を見据え、にらみ、まったく動じない。まったくひるまない。そしてそうやって何度も何度もじりじりとじわじわとたたみかけてくる。おまえはどうするのか。

この人の壮絶な生き方についてはここではふれるまい。あえて語らなくとも、この音楽を聴けば、この人の生きざまはおのずと聴く者の脳髄に、心臓に、魂に響いてくるはず。『英雄』の第1楽章後半での、異様な間の取り方、聴いたことがないテンポの落とし方。『運命』終楽章での、世界を引きずり込むような怒濤のうねり。

かっこよさとかスマートさなどにはまったく興味がないのだろう。そういう志向がまったくない。各楽器の歌わせ方、強調の仕方は、要所要所でうまい。オーケストラにどこでどう演奏させれば、どう響き、どう聞こえるか、すべてわかったうえで、一つひとつを丁寧に、しかし大胆に盛り上げてくる。難しいことはしていない。きわめてシンプルできわめてストレートだ。

しかし、だからこそ雄渾でたくましく、強い。一音一音に味がある。人生がある。そしてずしりと重い。しかもその重さが尋常ではない。

『英雄』の葬送行進曲。ここでクレツキが悼んでいるのは、おそらく殺された自分の家族ではないだろう。人類が抱えてきた深き煩悩、原罪。そしていまを生きるわれわれの苦悩、そしてその未来。音楽にそこまでのものをしたためることができる人はそうそういない。クレツキ、これほどとは思わなかった。

クレツキについては本書「地獄を見た男」(AR 0067、AR 0068) でも取り上げている。

ARD 0091
ベートーヴェン『交響曲第1番』
『交響曲第5番「運命」』
パウル・クレツキ指揮、南西ドイツ放送交響楽団
原盤：CONCERT HALL SMS2313
録音：1960年代前半、ステレオ

ARD 0092
ベートーヴェン『交響曲第3番「英雄」』
パウル・クレツキ指揮、南西ドイツ放送交響楽団
原盤：CONCERT HALL SMS2275
録音：1960年代前半、ステレオ

こういう音源こそアリア・レーベルが復刻すべき

フルトヴェングラー&ウィーン・フィル
ベートーヴェン『交響曲第4番』(1950年1月25・30日)

戦後のフルトヴェングラーのEMIスタジオ・レコーディングには、3つほど不遇な大曲録音がある。

- 1947年11月、ブラームス『交響曲第1番』
- 1947年11月、ベートーヴェン『交響曲第3番「英雄」』
- 1950年1月、ベートーヴェン『交響曲第4番』

いずれものちに優秀な録音が残されたため、あまり日の目を見ない。当然CD化される機会も少なく、CD発売されてもすぐに廃盤になってしまうことが多い。

それでも1947年のブラームスの『第1番』とベートーヴェンの『英雄』は、戦後すぐの混乱期の緊張状態を伝える貴重な演奏ということで注目される機会は少なくない。アリアCDでも時期をみて復刻したいと思っている。

ただ……それに比べると1950年1月のベートーヴェンの『第4番』の録音はきわめて不遇である。SP最終期の録音ということもあるが、43年のベルリン・フィルとの壮絶なライヴ、そして3年後の横綱相撲的なウィーン・フィルとのスタジオ録音にはさまれて存在感が薄く、「3番目」の録音といわれて軽んじられているのだ。

しかし、そんなことをいっていたら、この1950年初頭の貴重な音源を耳にしないまま終わってしまいかねない。だとしたら、そういう音源こそ、アリア・レーベルが復刻すべきではないのか……。そんなことを考えてリリースしたのがこのアルバムである。

どんなにいっても、戦後の絶頂期を迎えつつあるフルトヴェングラーの充実の指揮ぶりは聴き逃してはならないもの。戦後、非ナチ化裁判が終わって復帰を果たしながらも各地で批判にさらされ、さらにさまざまな政治的混乱に惑わされたフルトヴェングラーが、ようやく音楽に集中できるようになった時期の録音。2つの巨人的名演にはさまれた女神的演奏を、ぜひお聴きください。

SP復刻のため、盤質によってどうしてもつなぎめに違和感が生じるところもある。ただピッチの違いは極力調整した。ARDMOREの復刻は例によって非常に深く、重く、やわらかく、安心して聴いていられると思う。実は、十何回もリマスタリングしなおしてもらって最終的に完成した逸品である。わりと自信がある。

なお、第2楽章の7205-1Aの終わりと7206-1Aの開始部分は面白いことになっているので、あえて未編集のテイクをボーナス・トラックとして収録した。

また、併録のワーグナー『タンホイザー』序曲は有名な1952年のEMI優秀録音。

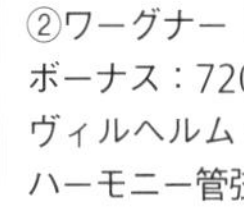

ARD 0093
①ベートーヴェン『交響曲第4番』
②ワーグナー『タンホイザー』序曲
ボーナス：7205-1Aと7206-1Aの未編集テイク
ヴィルヘルム・フルトヴェングラー指揮、ウィーン・フィルハーモニー管弦楽団
原盤：
①78rpm HMV イギリス DB9524/8 オートチェンジャー盤
マトリックス番号
第1楽章　2VH 7207-1A 7208-1A 7209-1A
第2楽章　2VH 7204-1A 7205-1A 7206-1A
第3楽章　2VH 7210-1A 7211-1A
第4楽章　2VH 7212-1A 7213-1B
②（F）VSM FALP 289
録音：①1950年1月25・30日、ムジークフェラインザール（ウィーン）、モノラル、②1952年12月2・3日、ムジークフェラインザール（ウィーン）、モノラル

すべての交響曲録音の原点

フルトヴェングラー＆ウィーン・フィル
ベートーヴェン『交響曲第5番「運命」』

1954年2月から3月にかけて録音されたフルトヴェングラー指揮＆ウィーン・フィルによる『運命』。店主が生まれて初めて購入したクラシックのLPである。そのときの裏面が、AR 0034（「この録音でクラシックに目覚め、その後の人生が変わった」、前掲『クラシック名盤復刻ガイド』103ページ）で出した1950年の『未完成』。

クラシック・ファンが100人いれば、100人それぞれ異なったクラシック視聴の歴史があると思う。交響曲から入る人もいるだろうし、ピアノ曲から入る人もいるだろうし、オペラから入る人もいるだろう。ただ、おしなべて交響曲から入る人が多いのではないだろうか。交響曲はどうやらクラシックの王道中の王道らしい……ということで。そして交響曲から入った人は、最初に『運命』を選ぶ人が多いのではないだろうか。『運命』はどうやら最も有名な交響曲らしい……ということで。そしてこの『運命』をLPなりCDなりで買おうと思えば、いろいろ好みはあるだろうが、「フルトヴェングラー」という人が指揮したものを選ぶ人が多いのではないだろうか。フルトヴェングラーという人は最もすごい指揮者らしい……ということで。で、そのフルトヴェングラーが指揮した『運命』をレコード屋に買いにいった人は、1954年のウィーン・フィルとの録音を選ぶ人が多いのではないだろうか。EMIという有名なレーベルで音もいちばんいいらしいし、何よりいちばん手に入りやすい……ということで。

とすると、このフルトヴェングラーが指揮した1954年のウィーン・フィルとの『運命』。店主のように、クラシック・ファンになった人がきわめて早い段階で手元に置く音源なのではないかと思う。

前項「こういう音源こそアリア・レーベルが復刻すべき」で取り上げた1950年の『第4番』は、「放っておいたら埋もれてしまう音源」だったが、この54年のウィーン・フィルとの『運命』は、そんなわけで王道中の王道中の王道、「クラシック・ファンの聖典たる音源」だ。この音源が手に入らなくなる日は人類が滅亡する日だろうというくらいの王道録音。そんな畏れ多い音源をあえてアリア・レーベルで復刻してみた。アリア・レーベルの名刺がわりになるアルバムが出せた、そんな思いである。

フルトヴェングラーは『第2番』『第8番』『第9番』を除いて、1950年代にウィーン・フィルとベートーヴェンの交響曲のスタジオ録音を残している。以下の6曲である。

『交響曲第1番』1952年11月24・27・28日
『交響曲第3番』1952年11月26・27日
『交響曲第4番』1952年12月1-3日
『交響曲第5番』1954年2月28日-3月1日
『交響曲第6番』1952年11月24・25日
『交響曲第7番』1950年1月18・19日

そのなかで『第5番「運命」』だけが死の年1954年に録音された。そんなこともあってか、この『運命』だけ、ほかの番号のものと比べると少し雰囲気が違う。

また、残っている『運命』の録音のなかでも一つだけずいぶんと色合いが異なる。

きわめて整然として、落ち着いた、（安心感というよりも）安堵感がある演奏に聞こえる。まるで死に装束をまとったような。それをどうとらえるかは聴く者の判断にゆだねられる。

1952年の夏、ザルツブルク音楽祭『フィガロの結婚』のリハーサル中に倒れたフルトヴェングラー。翌53年の1月にも、ウィーン・フィルの『第9』の指揮中に倒れる。半年の間に2回。そしてさらに53年の冬、今度はインフルエンザにやられ、この

フルトヴェングラーのベートーヴェン『交響曲第5番』の録音

録音年		オーケストラ	アリア・レーベルの番号
戦前			
1926年		ベルリン・フィル	AR 0064
1937年10月8日、11月3日		ベルリン・フィル	AR 0062
戦中			
1939年9月13日		ベルリン・フィル	
1943年6月27-30日		ベルリン・フィル	AR 0011
戦後			
1947年5月25日		ベルリン・フィル	
1947年5月27日		ベルリン・フィル	
1950年9月25日	ストックホルム	ウィーン・フィル	
1950年10月1日	コペンハーゲン	ウィーン・フィル	
1952年1月10日		ローマ・イタリア放送管弦楽団	
1954年2月28日-3月1日		ウィーン・フィル	★当録音ARD 0094
1954年5月4日	パリ	ベルリン・フィル	
1954年5月23日		ベルリン・フィル	

ときは3カ月間休養。ベルリン・フィルとのツアーも、ウィーン・フィルとの初めてのポルトガルへのツアーも中止になった。結局、コンサート復帰は年が明けた54年の3月12日。ただこの3カ月も完全休養というわけではなく、2月後半からはウィーン・フィルとのレコーディングをおこなっていた。今回の『運命』はそのときの録音。これが最後の交響曲スタジオ録音である。

フルトヴェングラーが亡くなるまで、あと9カ月。このあとフルトヴェングラーはいよいよ死の年の異常ともいえる強行軍に突入するわけである。

ARD 0094
①ベートーヴェン『交響曲第5番「運命」』
②ワーグナー歌劇『さまよえるオランダ人』序曲
③ワーグナー楽劇『ニュルンベルクのマイスタージンガー』第1幕への前奏曲
ヴィルヘルム・フルトヴェングラー指揮、ウィーン・フィルハーモニー管弦楽団
原盤：①ドイツ エレクトローラ WALP 1195 、②③（F）

VSM FALP 289
録音：①1954年2月28日-3月1日、ムジークフェラインザール（ウィーン）、モノラル、②1949年3月30・31日、4月4日、ムジークフェラインザール（ウィーン）、モノラル、③1949年4月1-4日、ムジークフェラインザール（ウィーン）、モノラル

音楽史を塗り替えた大きな偉業、1955年、イ・ムジチ1回目のヴィヴァルディ『四季』

1952年、ローマの聖チェチーリア音楽院の卒業生12人は、新たな小編成アンサンブルを結成した。その名はイ・ムジチ合奏団。ヴァイオリン6挺、ヴィオラ2挺、チェロ2挺、コントラバス1挺、チェンバロ1台の室内アンサンブルである。

トスカニーニは、イ・ムジチ合奏団デビュー直後のラジオ・リハーサルに遭遇し、「すばらしい！　音楽はまだ死んでいなかった！」と絶賛。その言葉によって、彼らの名は瞬く間に世界中に知られることになった。

しかし、彼らを本当に世界的メジャー・アーティストにしたのは1959年のアントニオ・ヴィヴァルディ『四季』のアルバム。そのアルバムはステレオ・ブームとあいまって全世界で爆発的大ベストセラーになり、日本でもステレオがある家庭には必ず常備されているとまでいわれた。

続く1969年の録音は日本で初めてクラシック音楽でのミリオンセラーを記録、その後もイ・ムジチはコンサート・マスターが代わるごとに録音を重ね、そのたびにベストセラーになった。95年の時点で、日本での『四季』の売り上げ合計は280万枚に達した。

そんなイ・ムジチの『四季』だが、最初のベストセラーの

1959年録音、ミリオンセラーの69年録音の前に、もう一つ録音があったことはあまり知られていない。

それが今回取り上げる1955年の録音。デビューから3年目の彼ら最初の『四季』である。ただモノラル録音だったために、2回目3回目の録音の陰に隠れて注目されることはない。

だが考えてみれば、トスカニーニが驚嘆し絶賛したアンサンブルはこのときがいちばん近い。引き締まったアンサンブルの向こうから感じられる覇気、若々しい情熱。なにしろコンマスのフェリックス・アーヨは、まだ22歳である。

「ヴィヴァルディって誰?」「バッハが編曲したりしてたイタリアの作曲家らしいよ」……というような時代。ヴィヴァルディについて、その生涯はおろか、生没年さえはっきりしていなかった時代。音楽界のバロック音楽への認識もきわめて薄く、イタリアの作曲家で取り上げられるのは19世紀のオペラばかりで、1600年代、1700年代にとんでもない宝物が眠っているとはよもや思いもよらなかった時代。

それを！　200年前のイタリアにどんなにすばらしい音楽があったか、22歳の若者たちが決然たる情熱と愛情でもって放ったのがこの1955年の『四季』だったのだ。フランスACCディスク大賞を受賞したのもうなずける。

だから、これは単なる1回目の『四季』の録音ではない。音楽史を塗り替える偉業として記憶されるべき名アルバムなのである。

イ・ムジチ合奏団の『四季』

①フェリックス・アーヨ（1955年7月、モノラル録音）当録音

②フェリックス・アーヨ（1959年4-5月録音）

③ロベルト・ミケルッチ（1969年9月録音）

④ピーナ・カルミレッリ（1982年7月録音）

⑤フェデリコ・アゴスティーニ（1988年7月録音）

⑥マリアーナ・シルブ（1995年8月録音）

⑦アントニオ・サルヴァトーレ（2006年録音）
⑧アントニオ・アンセルミ（2012年1月録音）
⑨マルコ・フィオリーニ（2021年4月録音）

ARD 0095
ヴィヴァルディ『四季』
フェリックス・アーヨ（ヴァイオリン）、イ・ムジチ合奏団
原盤：EPIC LC3216
録音：1955年7月、モノラル

希代の天才ヴァイオリニスト

ゲルハルト・タシュナー（ヴァイオリン）
ベートーヴェン、チャイコフスキー『ヴァイオリン協奏曲』

久しぶりに、演奏が終わった瞬間、作業をしていた女性スタッフ一同が興奮して顔を上げて、「これ、誰の演奏ですか!?」と声を上げた。
「タシュナー」。店主はニヤリとしながらそう言った。
ゲルハルト・タシュナーは1922年、チェコ生まれのヴァイオリニスト。若いときから突出した天才だったのだろう、ハンガリーであのイェネー・フバイに、ウィーンではフーベルマンに師事。そして39年にはわずか17歳でチェコのブルノ市立劇場のコンサート・マスターに就任している。
その後、この若き名手とブラームスの『ヴァイオリン協奏曲』で共演したヘルマン・アーベントロートはたいそう驚き、喜ぶ。そして、ちょうどベルリン・フィルのコンサート・マスターを探していたフルトヴェングラーにこの青年を熱烈に推薦するのである。

ベルリン・フィルの君主フルトヴェングラーはさっそくタシュナーを試す。まだ20歳にもならない青年は、フルトヴェングラーの前でバッハのシャコンヌを演奏。結果……一発合格。

こうしてこの若き天才は1941年から45年にかけて、フルトヴェングラーがいるベルリン・フィルのコンサート・マスターを務めることになる。

戦中の最も苦しかった時期にフルトヴェングラーをベルリン・フィルの一員として支えていたのは、もう一人のコンマス、エーリヒ・レーンと、このタシュナーだった。

そのタシュナーの録音をアリア・レーベルから復刻した。ベートーヴェンとチャイコフスキーのコンチェルト。

タシュナーは生前「私の演奏が好きならレコードではなくコンサートに来てほしい」と語っていたというだけあって、商業録音がきわめて少ない。これはその数少ない録音である。

アメリカでLP初期時代にリリースされたらしいのだが、ヴァイオリニストの名前もオーケストラの名前も偽って販売されていたという。おそらく権利関係をクリアしていなかったのだろう。それにもかかわらずいまではタシュナーの代表的録音とされているというのは皮肉な話だが、この爆発的演奏を聴けば、なんとしてでも発売したくなった製作者の気持ちもわからないではない。

とくにチャイコフスキー。冒頭に述べたとおり、その激烈なるラストには天も揺らぐ。普段は作業に没頭して地震さえ気づかないアリアCDの女性スタッフが、終演と同時に歓声を上げたのも無理はない。

その演奏は楷書のようだ。どこまでも厳格で一本芯が通った律儀な演奏。必要以上に歌わないし、妙な節回しをみせたりすることもない。しかし聴き始めた瞬間から、その強い存在感に引き込まれそうになる。タシュナーがすごいのはその個性ではなく、存在感なのである。

この当時のヴァイオリニストには超個性的な人が多くいるが、タシュナーは明らかに違う。人を押しのけてまで自分を目立たせようとは決して思わない。が、やるときはやる。普段は地味な優等生が、弱い者いじめをする不良番長に真っ向から勝負を挑んでぶちのめして、またメガネをかけて去っていくような。

録音嫌いだったのもわかるし、またアーベントロートやフルトヴェングラーから寵愛されたのもわかる。タシュナーは、そのとき1回1回の演奏に命を懸けているのである。

さて。どの世界にもいるものだが、クラシックの世界にもそこで暗躍するエージェントのような人間がいる。

この時代、ドイツにルドルフ・フェッダーといううさんくさい男がいた。フェッダーはかつてフルトヴェングラーのマネージャーになるべく近づくが門前払いされ、それ以降フルトヴェングラーにずっと恨みを持ち続けていた。

そんなフェッダーが次に近づいたのがカラヤンだった。カラヤンはフェッダーを受け入れる。そこでフェッダーは、当時絶対的な存在だった「フルトヴェングラー＆ベルリン・フィル」に対抗して、「カラヤン＆ベルリン州立歌劇場管弦楽団」をマーケットに売り込む。ナチス・ゲシュタポのトップ、ハインリヒ・ヒムラーと仲が良かったフェッダーはナチスをバックにつけ、カラヤンの売り込みに成功する。ヒムラーがフルトヴェングラーを憎んでいたことも後押しになった。

こうしてフェッダーの思惑どおり、マスコミは若くてハンサムな指揮者を持ち上げ、ベルリンでの人気はフルトヴェングラーとカラヤンで二分されることになる。

しかしフェッダーはまだその手を緩めない。次はベルリン・フィルの若き天才コンサート・マスターに照準を合わせる。当時のベルリン・フィルのコンマスはタシュナー。まだ20歳にもならないこのコンマスに近づくフェッダー。

「君みたいな若き天才が老いぼれフルトヴェングラーなんかの下にいても仕方ないでしょう、時代はカラヤンですよ！　カラヤン！　どうです？　カラヤンのところにいってみては？　私がお手伝いしますよ……」

実はこの若さでベルリン・フィルのコンマスを務めていたタシュナーはいろいろ問題も抱えていたので、このフェッダーの申し出に悩み苦しむ。そして悩んで悩んで悩んで……相談したのである。フルトヴェングラーに。

哀れ、すべてが白日の下にさらされたフェッダー、ここで命運が尽き、カラヤンもろとも地に落ちる（AR 0016、「芸術はときにおそろしい」、前掲『クラシック名盤復刻ガイド』53ページもどうぞ）。

それにしても愛すべきはタシュナー。そういう男だったのである。なんとも実直な。

タシュナーは戦中、ナチスに対して反抗的だったことから、戦後も非ナチ化裁判の対象にならず活動を再開できた。にもかかわらずタシュナーはベルリン・フィルを離れ、二度とコンマスの地位に戻ることはなかった。

結果、この希代の天才ヴァイオリニストは、その後、室内楽活動やソロ活動ですばらしい録音をわずかに残すが、その実力にふさわしい舞台や名声を与えられることなく、数年で引退してしまう。

もちろん故障もあったが、フルトヴェングラーが亡くなったあと、カラヤンの天下になったドイツ音楽界にタシュナーの居場所はなかったのかもしれない。カラヤンにとって、タシュナーは自分よりもフルトヴェングラーを選んだ男として強く印象づけられていただろうから。

タシュナーは結局、最後はみんなから忘れられ、54歳で寂しく亡くなるのである。

チャイコフスキーで指揮を務めるのはベルリン・フィルの客演指揮者だったアルトゥール・ローター。フルトヴェングラー、カラヤン、チェリビダッケといった人たちが話題を集めるこの当時のベルリン・フィルにあって、堅実にこのオーケストラを支えた名匠である。

1954年12月9日のベルリン・フィルのフルトヴェングラー追悼演奏会で指揮をしたのもローターだった。

この録音、音質は……よくない。1948年とはいえ、ライヴ録音。スクラッチ・ノイズも結構激しいし、第1楽章にはかなりショッキングな音飛びもある（修復しようかとも思ったが、原盤どおりでいくことにした）。

ただそうしたことを差し引いても、これだけの演奏を眠らせておいてはいけない。この希代の名演の感動は永遠である。どうか耳を澄まして聴いてみてほしい。ノイズは、聴いて3分で慣れるだろう。

ARD 0096
①ベートーヴェン『ヴァイオリン協奏曲』
②チャイコフスキー『ヴァイオリン協奏曲』
ゲルハルト・タシュナー（ヴァイオリン）、ベルリン・フィルハーモニー管弦楽団、①レオポルト・ルートヴィヒ指揮、②アルトゥール・ローター指揮
原盤：ROYALE 1307/1265
録音：①1948年3月19日、ライヴ、モノラル、②1948年4月11・12日、ライヴ、モノラル
チャイコフスキーの第1楽章で大きな音飛びがある。原盤からのものなのでご了承ください。

音楽史的にも重要かつ幸運な録音

ムラヴィンスキー&レニングラード・フィル
チャイコフスキー『交響曲第4番』（1960年）

エフゲニー・ムラヴィンスキーが50歳代後半に録音したチャイコフスキーの『交響曲第4番』。これは、ムラヴィンスキーがイギリス演奏旅行の際にウェンブリー・タウン・ホールで録音したもの。

1960年、ムラヴィンスキーはレニングラード・フィルハーモニー管弦楽団と西ヨーロッパで大々的な演奏旅行をおこなった。

当時のソビエト連邦のことなので、ムラヴィンスキーといえども海外渡航は厳しく制限されていて、このツアーも4年ぶりだった。

ソビエト最大の巨匠が来るということで色めきたった西ヨーロッパの音楽ファン。そこではドミートリイ・ショスタコーヴィチの『交響曲第8番』のイギリス初演などもおこなわれたが、実はこのツアーでの最大の出来事はドイツ・グラモフォンによるチャイコフスキーの三大交響曲の録音だったかもしれない。ロンドンで『交響曲第4番』が、ウィーンで『第5番』と『悲愴』が収録されたのだ。

その4年前。1956年の渡欧時、同じような状況でムラヴィンスキーとレニングラード・フィルは、ドイツ・グラモフォンとチャイコフスキーの交響曲をモノラル録音している。ただ、このときムラヴィンスキーは『第5番』と『悲愴』を担当し、『第4番』はクルト・ザンデルリンクが担当した。

昔はよく「どうして『第4番』も録音してくれなかったんだ」という声が聞かれた（いまではザンデルリンクの演奏も名盤になっている）が、1960年当時もそういう声があったのか、この千載一遇のチャンスを逃してなるものかとドイツ・グラモフォンは前回からわずか4年で3曲のステレオ録音を敢行したわけである。

そのおかげでムラヴィンスキーは『第4番』を高音質のステレオでドイツ・グラモフォンに残すことができた。このアルバムに収録している音源である。ムラヴィンスキーはその後『第4番』をレパートリーから外すので、これが『第4番』の最後の録音になる。

そんなわけで、これはいろいろな状況が重なった、音楽史的にも重要かつ幸運な録音ということになる。

さて、そして今回はもう一つ注目してほしいことがある。アリア・レーベルが出している2つのチャイコフスキーの『交響曲第4番』。一つがカラヤンとベルリン・フィル、もう一つがロリン・マゼールとベルリン・フィル。それがともに1960年の録音なのである。そう、今回のアルバムと同じ年。

1960年のカラヤンとベルリン・フィルのチャイコフスキー『交響曲第4番』だ。これはカラヤンの6回残されている同曲録音の2回目。「ああ、あったかね、そんなのが」という感じかもしれないが、これがすごい。60年代初頭のカラヤンとベルリン・フィルは普通の関係ではなかった。5年前、一世一代の大勝負でベルリン・フィルをひざまずかせた男は人事面・興行面、いろいろな面で改革をおこない、世界に対してベルリン・フィルの新しいイメージを植え付け始めた。「ベルリン・フィルはもう昔のオーケストラではない。このオーケストラは私といっしょに新しい道を歩み始めたのだ」と。そしてそれを証明するために、このときチャイコフスキーの『第4番』を録音した。当時世界最高の演奏録音がここにあるわけである。

一方、そのころ一人の若者が楽壇に華やかに登場する。ロリン・マゼールである。ドイツ・グラモフォンが新時代を切り開く若手スターを探していて、白羽の矢が立ったのがこのマゼールだった。あふれる才能をもち、すでにおそるべきキャリアを積み、広い見聞とバランス感覚を身に付けてベルリン・フィルの指揮台に立ったマゼールは、そんじょそこらの若手指揮者ではなかった。同時期には史上最年少でバイロイトにもデビューしている。この『第4番』を聴けばマゼールのすごさは「一目瞭然ならぬ一聴瞭然」。彼はこの怪物オケを前に一歩もひるむことなく自在にコントロールし、自分の音楽を作り上げているのである。

カラヤンとマゼールのチャイコフスキー『交響曲第4番』。そんな2つの対照的な録音が、わずか2カ月の間におこなわれたわけである。

そしてその半年後に、今回のムラヴィンスキーの録音がおこなわれた。間違いなく音楽史上に残る3人の天才が、わずか数カ月の間に残した3つのチャイコフスキー『交響曲第4番』。その対比は壮絶であり感動的である。どうか聴き比べてみてほしい。

ARD 0097
チャイコフスキー『交響曲第4番』
エフゲニー・ムラヴィンスキー指揮、レニングラード・フィルハーモニー管弦楽団
原盤：DG138657
録音：1960年9月14・15日、ロンドン、ウェンブリー・タウン・ホール、ステレオ

AR 0019
カラヤン&ベルリン・フィル 1960年
チャイコフスキー『交響曲第4番』
ヘルベルト・フォン・カラヤン指揮、ベルリン・フィルハーモニー管弦楽団
原盤：COLUMBIA SAX2357
録音：1960年2月29日-3月1日、ステレオ

AR 0041
マゼール&ベルリン・フィル 1960年
チャイコフスキー『交響曲第4番』
ロリン・マゼール指揮、ベルリン・フィルハーモニー管弦楽団
原盤：DG SLPM 138789
録音：1960年1月5・6・9日、ステレオ

はちきれそうなエネルギー、あふれる生命力

フリッツ・ライナー指揮&ウィーン・フィル
ブラームス『ハンガリー舞曲集』
ドヴォルザーク『スラブ舞曲集』

　講座をやっているときにかける定番曲というのがある。ブラームスやアントニン・ドヴォルザークの話をするとき、まずはやはりポピュラーで威勢がいい『ハンガリー舞曲』や『スラブ舞曲』をかけるとがぜん教室が盛り上がる。これらの曲は、初心者も多い音楽講座でこの2人を語るときの必須曲といっていい。

しかし、どんな演奏でもいいというわけではない。初心者が聴いてもハッとして身を乗り出し、何度もこの曲に接してきたマニアが聴いても「お！」と快哉を叫ぶような演奏。それがこの録音である。快男児フリッツ・ライナーのまさに痛快なる演奏。切れ味鋭くリズミカルで、まだるっこいところが一切ない。

ブラームスの『ハンガリー舞曲第1番』を2分かければ、ランチのあとのぬるーい午後の講座でもみんな目をぱちくりとさせ一気にシャキッとする。そしてドヴォルザークの話になれば『スラブ舞曲第8番』でまたまたガツンと一発。これで90分の講座はもう成功したようなもの。講師の力量ではなく、かける曲で音楽講座の成功・失敗は決まる。

おまけにライナーが指揮するのはウィーン・フィル！　そうだ、ウィーン・フィルにかこつけて、ドヴォルザークがオーストリア奨学金をもらうことで大音楽家への第一歩を踏み出した話をしてもいい。

さらにその奨学金の審査員を務めていたのがブラームスで、それが縁でドヴォルザークは『ハンガリー舞曲』ならぬ『スラブ舞曲』を作ることになり、その成功によって大音楽家への第二歩を踏み出した話をしてもいい。

ライナーはご存じのように、晩年にシカゴ交響楽団で大活躍して歴史に残る録音も数多く残している。しかし1960年前後にはDECCAにウィーン・フィルとの香り豊かなステレオ録音をいくつか残していた。

もともとハンガリー生まれということを引き合いに出さなくても、ライナーとこうした楽曲との相性がいいことはなんとなくわかると思うが、それを1960年代にウィーン・フィルを指揮して録音していたのである。演奏も最上、録音も最上。

もちろん講座のためだけではない。元気がないときに気合を入れるために、普通のときにもっと元気になるために、元気なときにもっと気合を入れるために、ハンガリー生まれの熱き快男児のパワーを頂戴してみてほしい。このはちきれそうなエネルギー、あふれる生命力。ちなみにこのときライナー、71歳……！

Brahms / Hungarian Dances
Dvořák / Slavonic Dances
Vienna Philharmonic Orchestra
Fritz Reiner

ARD 0098
ブラームス『ハンガリー舞曲第1、5、6、7、12、13、19、21番』
ドヴォルザーク『スラブ舞曲第1集第1、3、8番』『第2集第1、2番』
フリッツ・ライナー指揮、ウィーン・フィルハーモニー管弦楽団
原盤：DECCA SXL2249
録音：1960年6月、ウィーン、ステレオ

なんと、手に入れやすいCDがほとんどない

ミッシャ・エルマン
『チャイコフスキーとヴィエニャフスキ小品集』

ミッシャ・エルマン。パブロ・デ・サラサーテやレオポルト・アウアーに愛され、ヨアヒムやハンス・リヒターにも絶賛され、ヨーロッパとアメリカを征服。世界最高のヴァイオリニストに上り詰めた。

その演奏は蠱惑的で甘美でチャーミング、エキゾチック、エロチックでもある。でもどこか毅然とした気品と優雅さをたたえ、決して俗に落ちない。いまでもその人気は高く、往年のヴァイオリニストのファン投票をすればおそらく10位以内に入るのではないだろうか。

ところが……この人、いま全然CDがないのである。一時期VANGUARDが5枚にわたる最晩年の録音を出していたが、いまはコロムビアが出していた国内盤も含めて全滅。多くの人があのVANGUARD盤でこの希代の大演奏家の録音に親しんだと思うが、レーベルの活動停止でいまは入手困難である（ちなみにVANGUARDの演奏は聴くに堪えないと酷評されることもあるが、そ

こまでひどくはない)。

で、もうちょっと前のころの録音を……と思っても、手に取りやすいCDがほとんどないのだ。

ということで今回取り上げたのは1952年、エルマンが61歳のときのRCA録音。戦後、スランプを脱してわが道を進み始めたエルマンは、ここでも「エルマン・トーン」を朗々と響かせる。

しかしこれを聴くと、思ったよりもきっちり弾いていて意外に思う人もいるかもしれない。ここでのエルマンは、ちゃめっけあふれるチャーミングなパフォーマーというよりは、偉大なアウアーの系譜を引き継ぐ誇り高い大家。こういうエルマンもいいと思う。

このあとエルマンは、1950年代中盤にDECCAに移り、さらに59年から死の前年までVANGUARDにステレオ録音を残すわけである。

復刻のARDMOREは今回も優秀で、金属くさい復刻になることが多いエルマンの録音を温かくよみがえらせてくれて、安心して聴くことができる。

ちなみに、1923年の関東大震災の折、いちばん最初に義援金のモーションを起こしたのはこの人だった。

ARD 0099
『チャイコフスキーとヴィエニャフスキ小品集』
チャイコフスキー「無言歌」
「スケルツォ」
「感傷的なワルツ」
「アンダンテ・カンタービレ」
「ワルツ」
「ただ憧れを知る者だけが」
「ロシアの踊り」
ヴィエニャフスキ「伝説」
「マズルカ ニ長調、ト短調、イ短調」
「ポロネーズ・ブリランテ」
(全12曲)
ミッシャ・エルマン(ヴァイオリン)、ジョゼフ・セイガー(ピアノ)
原盤:RCA LM1740

録音：1952年、モノラル

天国か地獄の門番に「一つだけ」と言われたら……このアルバムになる

ズザーネ・ラウテンバッハー（ヴァイオリン）
ビーバー『ロザリオ・ソナタ』

ようやくこの日がきた。

アリア・レーベル第100弾。タイトルはずっと前から決まっていた。というか、このアルバムしかなかった。ズザーネ・ラウテンバッハーが弾く、ハインリヒ・ビーバーの『ロザリオ・ソナタ』。

お墓にもっていく10のアルバムというのは少しずつ決まってきているが、天国か地獄の門番に「一つだけ」と言われたら……このアルバムになる。許されるなら、このアルバムだけはもっていかせてほしい。

今回復刻するにあたって、復刻担当のARDMOREの社長に言い続けた。「おれたちが死んでもこのアルバムは残り続ける。そのつもりで復刻してほしい」

この録音は本家VOXもCDをリリースしている。決して悪い音ではないのだが、少し軽く、きついところがある。今回のARDMOREのLP復刻は優しくて深い。そして、VOXのCDよりもLPのほうがほんの少しピッチが低い。それが、やわらかく落ち着いた雰囲気を生み出すのかもしれない。だが、その差が大きい。LP復刻アルバムが出たときによく「すでにそのCDもっているんですが、買い直したほうがいいでしょうか」と聞かれることがあるが、たいてい「いえ、わざわざ買い直さなくてもいいと思います」と答える。だが、今回は違う。この『ロザリオ』に関しては、VOXのCDをもっている人も買い直したほうがいいかもしれない。

ビーバーの『ロザリオ・ソナタ』。別名「ミステリー・ソナタ」とも呼ばれ、多くの謎と神秘、そして底知れぬ魅力をもつヴァイオリン作品。

通常、宗教曲というのは「人の声」によって歌われるが、この作品はきわめて珍しいヴァイオリンと伴奏鍵盤楽器だけの宗教曲だ。ヴァイオリンだけで聖母マリアの、「受胎告知」から「キリストによる戴冠」までを描いている。

しかし店主はそんなことなどまったく知らずにフラリと聴いて、そのあまりの美しさにびっくりした。……いや、ただ美しいというだけではない。まるで天国から降りてきたような、崇高で気高く、しかもやわらかくて優しい音楽。どんな人間でも受け入れて、そして温かく抱きしめてくれそうな、そんな慈愛に満ちた音楽だったのだ。

日常のさまざまな雑事にささくれだっていた自分の気持ちが、この曲を聴くことでどれほど癒やされたことか。あのバッハが生まれる10年も前に、こんなすばらしい作品が誕生していたとは。しかも、この曲の最後は「守護霊のソナタ（ガーディアン・エンジェル・ソナタ）」と呼ばれる美しい曲。この最終秘曲よりも美しい音楽が、この世にはあとどれくらい存在するだろうか。まさに奇跡だ。

それ以来、この作品のCDが出るたびに聴いてきた。ここ数年はまるでブームのようにこの曲の録音が相次いだが、そのほとんどを聴いた。ところが、それら数十種類あるCD録音のなかで、ほかのCDと比べてまったく特別な存在のものがあった。

それがこのラウテンバッハーの録音。いまから60年以上前の録音。でも別格なのだ。多くの演奏家がこの作品の前で強烈に自己を主張し、必死で自分と神とを対峙させようとしているのに対し、彼女だけは、この作品を神のたまいしものとして、その神の意志のもと、ただただ無心でヴァイオリンを奏でている。そこにあるのは安らかな慈しみの思いだけ。

ビーバーは作曲しているとき、そしてラウテンバッハーは演奏しているとき、おそらく自分たちを見守る天使の姿を見ていたにちがいない。

ARD 0100（2CD-R）
ビーバー『ロザリオ・ソナタ』
ズザーネ・ラウテンバッハー（ヴァイオリン）、ルドルフ・エヴェルハルト（鍵盤楽器）、ヨハネス・コッホ（ガンバ）
原盤：VOX SVBX552（3）
録音：1962年、ステレオ

マタチッチが残した希代の名演

マタチッチ&チェコ・フィル
ベートーヴェン『交響曲第3番「英雄」』

ロヴロ・フォン・マタチッチ&チェコ・フィルハーモニー管弦楽団、1959年の『英雄』。まだ日本ではほとんど無名だったころのマタチッチが残した希代の名演。

これがすごい。これだけの『英雄』はちょっとほかにはない。それは冒頭の10秒で確信できるはず。怪物マタチッチが「この世は祭り」と命の限り絶唱したまさに怪物的名演。終演後には想像をはるかに超える興奮があなたを迎えてくれることを、百パーセント保証します。

マタチッチは1899年、クロアチア北西部の港町スシャク生まれ。その家系は17世紀初頭に貴族に叙された由緒正しい家柄で、マタチッチは9歳のとき、ウィーン少年合唱団に入団。ウィーン国立音楽大学とウィーン市立音楽院でも学んでいる。その後ケルン歌劇場、ザグレブ歌劇場の指揮者を務め、1938年にはベオグラード国立歌劇場の音楽総監督に就任。36年には初めてベルリン・フィルも指揮している。

そんなふうにまさに順風満帆だったマタチッチだが、第2次世界大戦ではクロアチア独立国軍で親ナチ主義者として活動、終戦後も政府に反抗したため刑務所に入れられ、なんと死刑を宣告される。

しかし死刑当日に収容所所長の前でピアノを弾いたところ、それを聴いた所長が感動。辛くも処刑を免れることになったという嘘のようなエピソードが残っている。

NHK交響楽団を指揮している姿を見て「なんか貫禄あるなあ」とかのんきに思っていたが、マタチッチはそうとう壮絶な半生を送ってきていたわけである。

さて、戦後しばらく「ナチ協力者」として演奏活動を制限されたマタチッチが、ようやく活動を本格的に再開したのは1950年代も半ばになってから。54年、ロンドンでリヒャルト・シュトラウスの『アラベラ』のハイライト（エリーザベト・シュヴァルツコップとの共演）を録音、56年にはドレスデン国立歌劇場、61年にはフランクフルト市立歌劇場音楽総監督に就任する。

チェコ・フィルとの結び付きが深まったのもこのころ。この時期のチェコ・フィルは、アンチェルが率いていた黄金時代。今回の『英雄』の録音と同じ1959年にチェコ・フィルは来日公演をおこなったが、同時に来日していたカラヤンとウィーン・フィルよりもよかったとさえいわれる。

つまり、この『英雄』は黄金時代のチェコ・フィルを、謹慎期間が過ぎた胆力みなぎるマタチッチが堂々たる貫禄で指揮した壮大なる演奏なのである。

AR 0101
ベートーヴェン『交響曲第3番「英雄」』
ロヴロ・フォン・マタチッチ指揮、チェコ・フィルハーモニー管弦楽団
原盤：SUPRAPHON SUA ST50012
録音：1959年3月、ステレオ

珍しいもの尽くしの『田園』

セル&ニューヨーク・フィル
ベートーヴェン『交響曲第6番「田園」』(1955年)

セルとニューヨーク・フィルによる1955年の『田園』。モノラル録音と嘆くなかれ。モノラル録音だからこそ、日の目を見ないままになっている名録音というのがある。

セルは、ご存じのようにクリーヴランド管弦楽団以外のオーケストラとの録音はあまり多くない。そんななかニューヨーク・フィルとの共演はいくつか存在するのだが、大曲はこの『田園』くらい。また、セルのベートーヴェン録音というのは意外に少ない。『田園』のスタジオ録音もクリーヴランド管とこのニューヨーク・フィルとの2回だけ。つまりこのアルバムは、そんなセルの「モノラル時代のスタジオ録音」による「ニューヨーク・フィル」との「ベートーヴェン」という、珍しいもの尽くしの『田園』なわけである。

そして味わい深さは、さすがにクリーヴランド管との演奏よりもこちらのほうが一枚上手。

クールなアプローチはセルらしいものだが、どこか人間的な情熱が感じられる。とくに終楽章後半のオーケストラの響きは分厚く、そして深い。

ぜひご堪能あれ。

AR 0102
ベートーヴェン『交響曲第6番「田園」』
ジョージ・セル指揮、ニューヨーク・フィルハーモニック
原盤:COLUMBIA ML5057
録音:1955年12月5日、モノラル

1947年におこなわれた5回目の録音

ストコフスキー＆ヒズ・シンフォニー・オーケストラ
ドヴォルザーク『交響曲第9番「新世界より」』

レオポルド・ストコフスキーがその生涯で6回の録音を果たした『新世界』交響曲。これは1947年におこなわれた5回目の録音。最後の6回目の録音がその26年後の73年ということから考えると、ストコフスキーにしてみればこの47年の5回目の録音で大きな区切りがついたということだったのだろう。

それだけやりたい放題、かつ完成度が高い演奏ということである。

終楽章ではストコフスキーらしい「改変」があざとい効果を上げ、ポップス・オーケストラなみに場を盛り上げる。なにせストコフスキーなのである。これくらいやってくれないとこちらも満足しない。

ポップスといえば、哀愁漂う第2楽章のイングリッシュ・ホルンはミッチェル（ミッチ）・ミラーの演奏。のちにレコード会社のプロデューサーになり（マーキュリー→コロムビア）、ポップス界でも大活躍した大人物。NHKで大昔『ミッチと歌おう』（1963-65年）という番組があったので顔を見たらわかる人もいると思う。すでに1947年の時点で、ストコフスキーはこのミラーのポップス的才能を見抜いていたのだ。第2楽章はミラー劇場である。

ちなみに、このときはヴィオラが4人、チェロ4人、コントラバス2人という小編成だったらしい。ただコンマスはジョン・コリリアーノだったというから、顔ぶれは豪華だ。

ものすごいメンバーとやりたい放題やって、しかもこの時代としては超絶的な水準の録音を果たしたストコフスキー。

聴いているこちらも満足だが、きっと演奏していた彼らも満足だったことだろう。

AR 0104
ドヴォルザーク『交響曲第9番「新世界より」』
レオポルド・ストコフスキー指揮、ヒズ・シンフォニー・オーケストラ
原盤：RCA LM1013
録音：1947年12月、モノラル

これを聴いて悪く言う人に会ったことがない

オッテルロー指揮&ハーグ・レジデンティ管
ベートーヴェン『交響曲第9番「合唱」』

すでに先行してリリースした1964年のオッテルローの『第9』（ARD 0090、コンサート・ホール・ソサエティ音源、本書「何かを打ち破ろうとするような強烈な意思」）。

それはオッテルローの新たな旅路への意志が激しく表現された、勇ましい演奏だった。彼はそのころメジャー・レーベルから離れ、新たな可能性を追求する決心を固めたのだ。

さてそのオッテルローは、その12年前、メジャー・レーベルPHILIPSで同じ『第9』を録音している。ここで紹介するのはそちらの『第9』である。

オッテルローという人はPHILIPSの草創期を支えた職人気質の指揮者で、膨大な録音を残している。ただ「いぶし銀」というタイプではなく、知的でスタイリッシュ、現代的な演奏を聴かせる。そのあたりが新興レーベルPHILIPSに気に入られた理由かもしれない。存在感あふれる低弦がオーケストラ全体をしっかりと支え、全体がドラマチックに展開して、しかもそれが絶対に軽薄にならない。スマートなのに分厚い。さすがに一時代を築いたというだけのことはある。

この『第9』についても、これを聴いて悪く言う人に会ったことがない。大人物オッテルローが残しえた偉大なる遺産といって

いい。

大人物といえば、このオッテルローは一時期医者を志していたというが、もしその道に進んでいたら神経質な外科医というよりは、熱い情愛に満ちた「赤ひげ的」な医者になっていただろう。なかなかの快男児なのである。

AR 0105
ベートーヴェン『交響曲第9番ニ短調「合唱」』
ウィレム・ヴァン・オッテルロー指揮、ハーグ・レジデンティ管弦楽団
エレナ・スポーレンベルグ（ソプラノ）、マリア・フォン・イロスファイ（アルト）、フランス・フローンス（テノール）、ヘルマン・シャイ（バリトン）、アムステルダム・トーンクンスト合唱団
原盤：PHILIPS A00145/6
録音：1952年5月3・4日、モノラル

何か腹にイチモツある

ハンス・スワロフスキー＆ウィーン国立歌劇場管
ブラームス『交響曲第1番』

ハンス・スワロフスキー。アルノルト・シェーンベルクとアントン・ウェーベルンに音楽理論を学び、リヒャルト・シュトラウスとフェリックス・ワインガルトナーに指揮法を師事した。

指揮者としてはウィーン交響楽団首席指揮者、グラーツ市立劇場音楽監督、ウィーン国立歌劇場の指揮者も務めた。

教育者としてはウィーン国立音楽大学指揮科の教授として活躍、門下にはアバド、マリス・ヤンソンス、ズービン・メータ、アダム・フィッシャー、イヴァン・フィッシャー、ヘスス・ロペス＝コボス、ブルーノ・ヴァイル、日本人では、尾高忠明や湯浅卓雄、矢崎彦太郎、大町陽一郎らがいる。いやはやとんでもない人なの

である。

で、自ら指揮をして録音もいくつかおこなっているが……この評価がなんというか……こんな感じなのである。

「その音楽は楷書的でしっかりしたものではあったが、あまり面白いものではなかった」(『指揮者のすべて――世界の指揮者名鑑 最新版』音楽之友社、1996年、146ページ)

「模範的な解釈で知られ、残された録音からもそうした芸風が伝わってくる」(『最新 世界の指揮者名鑑866』〔ONTOMO MOOK〕、音楽之友社、2010年、107ページ)

「尋常でないほど音楽の運びがぎくしゃくしがちな指揮者」(クラシック音楽向上委員会編『クラシックの聴き方が変わる本――テーマ別・名盤&裏名盤ガイド』洋泉社、1998年、154ページ)

……要はボロカスなわけである。へたでつまらない、と。すごい役職を歴任し、弟子にも優れた人はいるが、本人の指揮はたいしたことない、と。

店主もこの人についてかつて「多くの有名指揮者を育てながら、自身は名指揮者かただの凡人か判別つかぬまま今に至っている伝説のひと」とコメントしている。

ところがその後店主が聴いたスワロフスキーの録音は、ヘタウマの極致というような妙ちきりんな演奏ばかりで、怪獣アニメのようなすっとんきょうな終わり方のマーラー『交響曲第5番』、ちょっと危ういワーグナー『管弦楽曲集』、怪奇趣味的な『幻想交響曲』、ムード歌謡のようなチャイコフスキー『交響曲第1番』、となかなか面白かったのである。

ところが、それらのCDは現在ほぼ入手不可能。人気も知名度もないうえに評論家から「つまらん」と言われるのだから、誰も聴かないうちに市場から消えてしまったのである。先日ようやくワーグナーの『ニーベルングの指環』全曲がCD化されたのは奇跡といっていい。

なので、多くの人にこの指揮者をもう一度正当に評価してほしいと思い、彼の録音で最も有名なブラームスの『交響曲第1番』

に登場願ったわけである。

ところが、これ、残念ながらそれほどムチャはしていないし、それほど妙ちきりんではない。どちらかというと、前記でいわれているような「模範的・楷書的」要素が多分にある。

しかし、評論家の片山杜秀いわく——。

> 出来の悪いロボットでも指揮したのかという風な、つぎはぎだらけのブラームス。
>
> フレージングは異様で、スムースさがまるでない。切れそうなところが切れず、切れなさそうなところが切れる。テンポの変化も妙に人工的で、各セクションはバラバラに陳列されている感じ。
>
> はて、この演奏をどう評価すべきか。単に下手ということか。いや、そんなネガティヴな判断を下してはシェーンベルクの弟子で、アバドやメータを育てた名指揮者教授のスワロフスキーに申し訳ない。
>
> これはむしろ、ロマン派とは流麗とか重厚だとか、そういう世間の常識を打ち壊す、異化演奏の極致なのではないか。
>
> そう考え出すと、この1枚はたちまち異様な輝きを帯びてくるのである。
>
> （『クラシック名盤大全——保存版 交響曲篇』〔ONTOMO MOOK〕、音楽之友社、1998年、60ページ）

そこまでベタ褒め（?）する勇気は店主にはないが、極端な個性はないものの、なかなか奥深いものを感じさせてくれる。何か腹にイチモツある演奏であることは間違いない。ということで、試しにどうぞ。

ちなみにスワロフスキーのブラームス『第1番』には、南ドイツ・フィルハーモニー管弦楽団との録音年不明の演奏もあるが、それとは別録音である。

AR 0106
ブラームス『交響曲第1番』
ハンス・スワロフスキー指揮、ウィーン国立歌劇場管弦楽団
原盤：ODEON XOC 817
録音：1950年代後期、モノラル

当時のバーンスタイン、ここまですごかった

バーンスタイン＆ニューヨーク・フィル
シューマン『交響曲全集』

晩年のバーンスタインはもちろん魅力的である。しかしニューヨーク・フィルの音楽監督に就任した当時のバーンスタインには、それとは違う特別な魅力がある。

1960年。バーンスタインがニューヨーク・フィルの音楽監督に就任して2年。彼のあらゆる情熱と才能が指揮活動に向けられていた時期。ここで紹介するのは、40歳を過ぎたばかりのバーンスタインの情熱とパワーと叡智が結集したシューマンの『交響曲全集』である。

聴いてみてほしい。まず『第1番』。いきなり何かが覆いかぶさってきたかのような異常なテンポ。当時のバーンスタインがこんなにも異様なことをやっていたとは。しかし、きわめて濃密。若手の指揮者が才気に任せて好き勝手やっているのとは違う。40歳ですでにアメリカ音楽界の重鎮であることを認識させるこの存在感。序奏を突き抜けたところで待ち受ける豪華で大胆で壮大な主題。かっこよすぎて涙が出る。

そしてバーンスタインが偏愛している『第2番』。『第1番』では異様でさえあった個性的演奏が、『第2番』では重厚極まりない大巨匠的アプローチになる。そしてその後の洗練されたノリは、バーンスタインならではの流麗さと華麗さ。はっきりいってダン

スミュージックのようだ。これまたかっこいいのである。この巨匠的な重厚さと新世代的なノリのよさをあわせもつ若き天才の演奏に、ニューヨークの聴衆は酔いしれたのだ。

そして爆発的で華やかな『第4番』はもちろんバーンスタインのお得意。1960年代のアメリカ・オケ。ヨーロッパのオーケストラと比べたくなるのはわかる。しかし、ここでのニューヨーク・フィルは高性能エンジンを積んだ最新鋭ロケットのようなもの。伝統奏法やらヨーロッパ的優雅さとはある意味無縁。映画音楽だってミュージカルだってやってしまうようなこの快活さ、大胆さ、かっこよさ。まるでフェスティバルである。

そして最後を飾るのが『第3番』。こんな異形の演奏だということを誰も知らない。誰も教えてくれない。自在すぎるアゴーギク。鮮烈すぎるリズム。アメリカ音楽界の未来を背負う天才の才能がほとばしる絶妙なる世界。当時のバーンスタイン、ここまですごかった。だから世界が認めたのだ。

ちなみに『マンフレッド』序曲。これは、バーンスタインが1943年11月14日にワルターの代役で急遽登場した奇跡のコンサートで取り上げた曲でもある。ここでも交響曲4曲に劣らぬ激しさとキレのよさを見せつける。バーンスタインにとっても思い入れがある曲なのがわかる。

しかしこれだけのすさまじい録音であるにもかかわらず、この全集を聴いたことがある人は少ないと思う。1980年代にウィーン・フィルとの全集が出てから、この60年の全集は、まるで世に出してはいけない録音であるかのように封印されてきた。先年、ようやく『SONY バーンスタイン・シンフォニー・エディション』に収録されているのを見つけたが、それとておいそれと手を出せるものではない。結局、聴きたくても聴けない状況が長年続いていたのである。その貴重なシューマン『交響曲全集』録音を、こうしてみなさんのところにお届けできることをとてもうれしく思う。

AR 0107（3CD-R）
シューマン『交響曲全集』
①『交響曲第1番』
　歌劇『ゲノヴェーヴァ』序曲
②『交響曲第2番』
　『交響曲第4番』
③『交響曲第3番』
　歌劇『マンフレッド』序曲
レナード・バーンスタイン指揮、ニューヨーク・フィルハーモニック
原盤：①COLUMBIA MS6581、②COLUMBIA MS6448 & 6256、③COLUMBIA MS6294 & 6256
録音：①1960年10月31日、ステレオ
　1963年10月7日、ステレオ
②1960年10月10日、ステレオ
③1960年10月17日、ステレオ
　1958年1月6日、ステレオ

ARDMOREにリマスタリングを依頼すること数回。今回は苦労した。

最終的にLPの深みを再現させるために、音をきれいにしすぎず、しかし音割れが気になるかならないかのギリギリのところで収めてみた。

ただ、完全なる無菌の音ではないのでご了承いただきたい。

これがボスコフスキーだったのか

……うーん。ヴィリー・ボスコフスキーって、ただのワルツ好きのヴァイオリン弾きかと思っていた。だから、いままでそれほど好き好んで聴いたことはなかった。

そうしたら、もう、すごいのなんの。突如音楽の精霊が目の前に現れたのである。ヴァイオリンが本当に歌い、踊り、舞い、そしてかぐわしい香りを撒き散らす。こんなにも麗しく、こんなにもみやびなヴァイオリンはちょっと聴いたことがない。

これがボスコフスキーだったのか。

しかも技術的にも抜群にうまい。もっとヨヨヨと弾き崩して案外適当なのかと思ったが、そうじゃない。きちっと押さえるところは押さえる。なのに、なのに、この優雅さ。

ウィーン国立歌劇場管弦楽団の第2ヴァイオリンの末席でひっそりと弾いていたボスコフスキーに、なぜフランツ・レハール本人が自作オペラでのソロ演奏を依頼したのか。ウィーン・フィルに入団した彼をなぜクナッパーツブッシュが第2コンサート・マスターに推薦したのか。その答えは、すべてこの演奏にある。

たとえばモーツァルトの『ヴァイオリン協奏曲』の録音は、誰の演奏を聴いてもいつも何かが足りなかった。でもこれは違う。こんなふうに弾いてほしい、と思ったその上をいく。しかも軽く、あっさりと。おそらくモーツァルトがその横でフフフと涼しく笑っていそうな、そんな演奏。いまから半世紀以上前にこんな演奏があったとは。

そして小品集。これまた間違いなく個人的にボスコフスキー最高の一枚である。こんな『ユーモレスク』、こんな『チャルダッシュ』。そもそも『チャルダッシュ』を聴いて涙が出そうになるなんて考えられるだろうか。

どうかだまされたと思って聴いてみてほしい。胸の奥からいいようのない感情が湧き出てきて止まらなくなるはずだ。これがボスコフスキーだったのだ。

ARD 0108
ウィリー・ボスコフスキー／リサイタル
①ベートーヴェン『ロマンス第1番』『第2番』
モーツァルト『メヌエット』
フィオッコ『アレグロ』
ドルドラ『思い出』
ドヴォルザーク『ユーモレスク第7番』
②モンティ『チャルダッシュ』ほか
ヴィリー・ボスコフスキー（ヴァイオリン）、フランツ・バウアー＝トイセル指揮、ウィーン国立歌劇場管弦楽団
原盤：①DEUTSCHER SCHALLPLATTEN CLUB D008、②FLASH ALP 612
録音：1950年代後半、ウィーン、①モノラル、②ステレオ

ARD 0109
モーツァルト『ヴァイオリン協奏曲』
①『ヴァイオリン協奏曲第1番Kv.207』
②『ヴァイオリン協奏曲第3番Kv.216』
③『ヴァイオリン協奏曲第4番Kv.218』
ヴィリー・ボスコフスキー（ヴァイオリン＆指揮）、ウィーン・コンツェルトハウス室内管弦楽団
原盤：①HAYDN SOCIETY HS9010、②LES DISCOPHILES FRANCAIS EX25051、③LES DISCOPHILES FRANCAIS EX25028
録音：1954年、ウィーン、モノラル

こんなにも厳しく美しく、しかも救いに満ちた

バルヒェット弦楽四重奏団
ドヴォルザーク『弦楽四重奏曲第13番』『第14番』

この音源を最初に聴いたのはいつだったろう。廉価盤レーベルCANTUSでひっそり登場したが、あっという間に完売して廃盤になってしまった。

そのときはまだバルヒェット弦楽四重奏団の名前も知らなかったのだが、偶然耳にしたこのドヴォルザークの演奏に心引かれ、それ以来バルヒェットの演奏を愛するようになった。本書「想像以上にバルヒェットのモーツァルトだった」（モーツァルト『弦楽四重奏曲全集』）でも語ったが、バルヒェット弦楽四重奏団の演奏はなんとも地味で渋い。しかしバルヒェットのヴァイオリンの音色とにじみ出る温かな人間性が、音楽全体に素朴で実直な安心感を与えてくれる。

さて、このドヴォルザークの『弦楽四重奏曲第13番』と『第14番』。店主が思うに、この作曲家の代表作である。どうしてこの2曲があまり社会に認知されていないのか不思議でならない。そんな2曲の録音をバルヒェット弦楽四重奏団は残してくれた。

まずその『第13番』。ここでバルヒェットは何もしていない。本当に何もしていない。ただ弾いているだけなのである。なのに、この第2楽章。こんなにも厳しく美しく、しかも救いに満ちた『第13番』の第2楽章を聴いたことがあるだろうか。

ベートーヴェンの後期の作品に匹敵しうるこの壮絶で悲しみに満ちた作品を、バルヒェットはなんとも淡々となんのてらいもなく弾き尽くす。しかし聴き終わったあとに残る、この胸に迫る熱い感情。

そして『第14番』。ドヴォルザークがアメリカからボヘミアに戻り、ベートーヴェンに追随するかのような「絶対音楽」を追い求めるようになり、ロマンチックでありながら純度が高い単純さを顕現した作品。その第4楽章。陰鬱さと明朗さ、悲劇性と歓喜、そうした人間のさまざまな相反する要素を矛盾なく包含するこの楽章。だが演奏する側は、ともするとどっちつかずの表現に陥りやすい。そうしたなかでバルヒェットは、いつものようになんのてらいもなく、まるで座禅を組むようにただただ無心に奏でていく。その自然なこと、その崇高なこと。

店主はその昔、バルヒェットのことを知っている人など誰もいないだろうと思っていたのに、これまでこのドヴォルザークを絶賛する人に何人出会ったことか。知っている人は知っているのである。

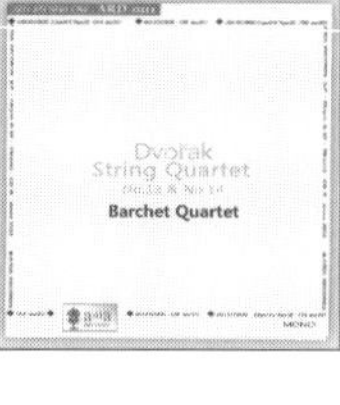

ARD 0111
ドヴォルザーク『弦楽四重奏曲第13番』『第14番』
バルヒェット弦楽四重奏団
原盤：VOX PL9250、VOX PL7570
録音：1950年代中期、モノラル

フルトヴェングラー&ウィーン・フィル、1945年1月、スイス亡命直前の演奏会

フランク『交響曲ニ短調』

次に紹介するのは、フルトヴェングラーの、1945年1月下旬、ウィーンでのセザール・フランクの交響曲のライヴである。

大戦末期。ナチスから命を狙われていたフルトヴェングラー。このウィーンでのコンサートが終わったら、ベルリンには戻らずスイスに脱出するしかない。ひょっとしたらこれがウィーンでの、いや、最悪の場合、人生最後のコンサートになるかもしれない。いったい、このときフルトヴェングラーはどんなことを考え、感じながらステージに上がったのか。

1945年1月。ドイツの戦況は悪化。ナチスは風前の灯。この時期フルトヴェングラーに恨みを抱くゲシュタポ長官ヒムラーは、どさくさに紛れてその命を狙い始めていた。万事鷹揚なフルトヴェングラーだったが、数人の知人からヒムラーが自分の命を狙っていることを聞かされ、ついにスイスへの脱出を決意する。

1月23日、ベルリン。爆撃にさらされながらのベルリンでの壮絶なコンサートについては本書「フルトヴェングラー エーリヒ・レーンとのベートーヴェン『ヴァイオリン協奏曲』そして戦時中最後のベルリン・フィルとのコンサート」をみてほしい。

その翌日、フルトヴェングラーはウィーンに向かった。1月28日と29日にコンサートがあるのだ。ここでひとまずウィーンに入り、しばらく滞在し、様子をうかがいながらその後スイスへ抜ける計画である。

ここで紹介するフランクの交響曲は、そのときのウィーン・フィルとの演奏。フルトヴェングラーのフランクというと1953年のDECCAによるセッション録音が有名だが、すさまじいのはこの45年1月の録音。

後年の落ち着いた録音に比べて、こちらは荒れ狂った鬼神のようなほとばしりを随所でみせる。静かな盛り上がり部分も、地の底からぐつぐつと噴き出してくる溶岩のようで、聴いていて背筋がぞっとする。

このデモーニッシュな音楽は、このとき抱えていたフルトヴェングラーの絶望的な苦悩のせいなのか、あるいは未来が見えないウィーン・フィルの閉塞感のせいなのか。そんな先入観は無意味だという人もいるだろう。だがこのときの指揮者と演奏家たちは、明らかに異常な精神状態にあった。

死は遠い空想の話ではない。何かがどうかなれば、これが人生最後の演奏会になるかもしれないのだ。

だから、これはただの演奏会記録ではない。これ自体が歴史の重要な証言である。「鑑賞作品」という域を超えた、生涯に一度は襟を正して背筋を伸ばして、静聴しておかなければならない歴史的証言。

フルトヴェングラーは翌朝、ゲシュタポの目を盗んで始発の牛乳運搬列車に乗り込みウィーンを脱出した。間一髪だった。数時間後ゲシュタポはフルトヴェングラーのホテルの部屋に踏み込んだが、もぬけの殻。あと少しフルトヴェングラーの脱出が遅れていたら、間違いなく連行されていた。そのまま殺されていたかもしれない。

一方、ウィーンの街はその後連合軍の空爆にさらされ、破壊され尽くした。そしてやがてロシア軍が進撃してきて、街も人もパニックになる。しかしそんななかでもウィーン・フィルの楽団員は、「どのような状況になってもみんな一緒にいなさい」というフルトヴェングラーの助言に従ってブルク劇場や消防署などの地下通路で生活しながら、演奏会の再開に向けて活動していた。

このアルバムは1952年に発売されたアメリカVOXの復刻。

第2楽章冒頭が、どういうわけか(会場の咳声をカットするためとも)ジャキジャキにカットされ無残な欠落が数カ所あるのだが、そのずしりとした音質から非常に人気が高く、一見音質がいい

ORFEO盤（RRG〔ドイツ帝国ラジオ放送〕音源の復刻）よりもこのLPの音のほうが演奏のすさまじさが伝わってくる。

現在、質がいいオリジナルLPは10万円を超える高値で取り引きされているが、今回復刻を依頼していたARDMOREがとても状態がいい盤を入手したことでついに念願の復刻になった。

もちろんお世辞にも「すばらしい音質」とはいえないが、この歴史的証言を体験するには十分な水準に達しているのでご安心を。

ARD 0112
フルトヴェングラー、スイス亡命直前の演奏会
フランク『交響曲ニ短調』
ヴィルヘルム・フルトヴェングラー指揮、ウィーン・フィルハーモニー管弦楽団
原盤：VOX PL7230
録音：1945年1月28or29日、ムジークフェラインザール（ウィーン）でのライヴ録音、モノラル

第2楽章冒頭にオリジナル盤由来の欠落が数カ所あり。また一部回転ムラがあります。

一期一会の奇跡

ジャン・マルティノン&ウィーン・フィル
チャイコフスキー『交響曲第6番「悲愴」』

1950年代、DECCAはウィーン・フィルとほぼ独占契約を結んでいた。DECCAはウィーン・フィルとの録音のために、最新の設備を整えたゾフィエンザールを用意。これによってEMI、RCA、CBS、DGに次ぐクラシック・メジャー・レーベルの地位は保証されたかにみえた。

ところが大きな問題があった。誰にウィーン・フィルを指揮させるかという問題である。1回、2回ではない。これからのDECCAとウィーン・フィルを引っ張っていき、歴史に残る大ヒ

ット録音を残してくれる指揮者。

楽員が指揮してほしいと願ったのは、すでに死んでいるか、あるいはもうすぐ死にそうな指揮者ばかりだった。ショルティは最有力候補だったが、団員は気に入らなかった。ラファエル・クーベリックでも頼りなかった。ベームは売れそうになかった。若いイシュトヴァン・ケルテスやマゼールもまだダメだった。もちろん指揮したがる人は多かったが、ミュンヒンガーのように「二度と来るな」と言われてしまうこともあった。

そうしたなかで最後に落ち着いたのがカラヤン。まさかのカラヤン。カラヤンが本当にDECCAと契約してくれるのか、きっとDECCA内部の人間もそう思っていただろうが、「ウィーン・フィル」を「最新式設備」で録音できるという魅力にはカラヤンも逆らえなかった。こうしてカラヤンはDECCAと電撃的に契約。1959年3月からDECCAによるカラヤン&ウィーン・フィルの黄金録音が続々と登場することになるわけである（代わりにEMI／フィルハーモニア管の録音は消えていく）。

さて、そんな状態だった1950年代後半。DECCAはさまざまな指揮者とウィーン・フィルを組ませて、いろいろとチャレンジさせている。何かが起きるかもしれないと思っていただろうし、いまのうちに面白そうなものを録音しておこう、という思いもあったかもしれない。

クーベリックのブラームス『交響曲全集』1955-57年
ヨーゼフ・クリップスのチャイコフスキー『交響曲第5番』1958年
ショルティのベートーヴェン『交響曲第5、7番』1958年

時代はもう少しあとになるが、ケルテスの『新世界より』（1961年）もその範疇に入るかもしれない。

そんなわけで、この時期に、当時も、そしていまも信じられない録音が突然変異的に出現しているわけだが、その最たるものを

紹介しよう。

ジャン・マルティノンとウィーン・フィルによるチャイコフスキー『交響曲第6番「悲愴」』1958年の録音である。

ジャン・マルティノン。ご存じのとおり彼はフランスの大指揮者だ。1910年生まれだからカラヤン世代。EMIと強固な関係を築き、ドビュッシーとラヴェルの管弦楽曲はこの人の録音で聴き育った人が多いと思う。カミーユ・サン＝サーンスの『交響曲全集』やベルリオーズの『幻想交響曲』も忘れがたい。もちろん、そこで登場するのはフランスのオーケストラである。

そんなフランス音楽の権化のようなマルティノンが、ウィーン・フィルを指揮してチャイコフスキーを録音したのである。どのくらい突然変異的かというと、マルティノンがウィーン・フィルと共演した録音はこれだけ。マルティノンのチャイコフスキーの交響曲もこれだけ。まさしくDECCA／ウィーン・フィルによるチャレンジ録音の最たるものといっていい。

しかしその一期一会的チャレンジ録音が、いまだに語り継がれる名演になっているのだから面白い。年配の音楽ファンには「『悲愴』は絶対マルティノン」という方が多い。当時先入観なく聴いて、率直によかったのでそれが刷り込みになっているのである。

また、ネットでもこの演奏の悪口を見たことがない。いまでもこの曲の名演ベスト10を選ぶとこの演奏が入るのではないか。

その音楽は美しく筋肉質。きりりとして運動性が高い。決して取り乱したり、激情に駆られたりはしない。また、必要以上に「美」を強調したり、ロマンを湧出させることもない。その寡黙さのために凜としたアスリートのようだが、潜在的な破壊力を感じさせ身震いさせられる瞬間が多々ある。ウィーン・フィルとマルティノンの突然変異的化学融合が、想像もしない好結果を生み出したわけである。

ただそのとき、ウィーン・フィルがこの指揮者についてどういう感想をもったかはわからない。このあと一度もウィーン・フィルの指揮台に立っていないところをみると、両者の関係はいいものではなかったのかもしれない。ウィーン・フィルがいやがったのか、マルティノンがいやがったのか、DECCAのスタッフがいやがったのか。それともたまたま縁がなかったのか。いや、そもそも一回指揮台に立ってくれたことが奇跡だったのか。そこはわからない。ただどうであっても、この一期一会は希代の名演を生み出した。それはきわめて興味深い事実である。

ARD 0113
チャイコフスキー『交響曲第6番「悲愴」』
ジャン・マルティノン指揮、ウィーン・フィルハーモニー管弦楽団
原盤：DECCA SXL 2004
録音：1958年3月31日-4月3日、ゾフィエンザール（ウィーン）、ステレオ
第3楽章にオリジナル原盤による不具合があります。

無条件で元気になる

ボールト&ロンドン・フィル
マーラー『交響曲第1番「巨人」』

イギリスの指揮者「三大B」というとまず名が挙がるのが変人大富豪のトーマス・ビーチャム。続いて出てくるのが愛と情熱の紳士バルビローリ。しかし、3人目の名前が出てくるまでにちょっと時間がかかる。えっと……あ、エイドリアン・ボールトか、と。

みんな巨匠だと思っているが、案外人気はない。「わたしボールトが好きなんです〜」という人にはあまり会ったことがない。

それは本国イギリスでも同様だったようで、ビーチャム、マルコム・サージェント、バルビローリが相次いで亡くなって、仕方

なく忘れられていた老匠ボールトが担ぎ出されたというのが本当のところらしい。

だが、日本のファンはめざとい。いまから20年近く前、ボールトが80代前半に録音したブラームスの『交響曲全集』が日本のショップで大ベストセラーを記録した。そして「ボールトって実はすごいんだ」というクチコミがネット上にあふれた。そういえばもっている、という人も多いと思う。それくらい売れたし、人気もすごかった。

そして続いて大爆発したのがロンドン・フィルとのシューマン『交響曲全集』。新興復刻レーベルFIRST HAND RECORDSが突如リリースしてきたものである。

1956年、ボールトが67歳のときの録音。間違いなくボールトの全盛期である。世界最大の音楽消費都市だったロンドンの揺るぎない貫禄を思わせる、あるいは輝かしい大英帝国の象徴であるかのような圧倒的な存在感。「やっぱりボールトはすごかった」とまたまたみんな大騒ぎになって、ショップも驚く大ベストセラーになった。売れすぎて完売してしまい、もう手に入らない。

さて、そんなボールト。もう一つすごい録音を挙げろと言われれば、文句なく、躊躇なく、容赦なく、このアルバムである。1958年のマーラーの『交響曲第1番「巨人」』。天下の名レーベルEVERESTの一枚。90年代にはCD化されたこともある。

その時点で「37年前の収録とはにわかには信じがたい響き」と評価された高音質録音だが、それからもう30年近くたつ。隠れ名盤として知られる存在だが、CD化の実績は多くない。

そんななか、今回はオリジナルのEVEREST盤からの復刻を果たした。状態がいいEVEREST盤はほとんど流通していないなかで、ARDMOREの社長が奇跡的に状態がいいものを発掘した。LP復刻のCD化はこれが初めてではないだろうか。

しかし、今回の復刻理由は音質ではない。演奏である。この決然たる音楽。迷いがない一気呵成の音楽。

「とにかく聴け。そして前を向け。ひるむな。突き進め」。カイゼル髭にはげ頭のじいさまに眼光鋭くそう言われたら、黙ってうなずくしかない。

第2楽章。こんなマーラーを聴いたことがあるだろうか。なりふりかまわぬ猪突猛進。史上最速級のこの演奏には、すべての悩みや妄念を駆逐してわれわれを次のステージに無理やり引き上げてくれるたくましさがある。

そして終楽章。戦慄を覚えるほどの潔さ。聴くだけで体中にアドレナリンが噴出し、もやもや鬱々とした心情をぶち破ってとにかく前に進もうという気概が湧き上がってくる。ボールトの音楽は、聴く者を無条件で元気にしてくれる。いまのこの時代、われわれが聴くべきはこういう演奏ではないか。

ARD 0114
マーラー『交響曲第1番「巨人」』
エイドリアン・ボールト指揮、ロンドン・フィルハーモニー管弦楽団
原盤：EVEREST SDBR3005
録音：1958年8月10-13日、ロンドン、ステレオ

男ミュンシュが大上段から振り下ろす

ミュンシュ＆ボストン交響楽団
ドヴォルザーク『交響曲第8番』

いまから21年前、前掲の拙著『クラシックは死なない！』にこんな文章を載せた。フランスBMGから出ていたミュンシュ＆ボストン交響楽団によるドヴォルザーク『交響曲第8番』についてのコメントである。

ミュンシュのライヴはすごい。確かにすごい。だからよけいにボストン交響楽団とのスタジオ録音は、まるで腑抜けの

> 優等生のように扱われることがある。だがこの演奏は、優等生でもかなりホネのある優等生である。隠された筋肉美と鋭利な知性をもった悪の美少年。あまり音楽本では取り上げられないが、こんなに整然としていながら人の心を乱す演奏はそうはない。ミュンシュはドヴォルザークの交響曲をこの1曲、この1回しか録音しなかった。しかし、この演奏だけで「ミュンシュのドヴォルザーク」は永遠に語り継がれていくだろう。だが不幸にも、この録音のことはあまり知られていない。（162-163ページ）

ミュンシュ一世一代のドヴォルザーク演奏である。

ただその後そのアルバムは廃盤になり、数年後『RCAアルバム・コレクション全集』で復活したが、それもいまは廃盤。これだけの名演がいまは聴けないのである。

実はその昔アリア・レーベルで発売するつもりだったのだが、第1楽章の強奏部分の音割れがどうしても納得できず、最終的にリリースを断念したことがある。

ただ……往生際が悪いせいか、どうしてもこの演奏のことをあきらめきれず、あれから数年たったいま、ARDMOREにもう一度リマスタリングを依頼した。「もう一回チャレンジしたい」と。

ARDMOREは再度リマスタリングしてくれたのだが、結果はやはり数年前と同じ。第1楽章の音が粗い。これはアリア・レーベルで販売する水準ではない……と思った。

でも、あきらめたくなかった。ほかのレーベルからも単発アルバムとして出ていないいま、この音源はアリア・レーベルが出しておくべきではないのか。その思いが強かった。結局、その後何回リマスタリングしなおしてもらっただろう。とくに第1楽章は最低でも7回はやりなおしてもらった。

そうして最後にもう一回リマスタリングすることで第1楽章の音はギリギリ及第点に到達し、発売へとつながった。聴き始めは粗っぽく聞こえると思うが、それでも聴いてみてほしい。

男ミュンシュが大上段から振り下ろす大ナタのような指揮棒。剛毅で勇ましく曲がったことが嫌いな、こんなドヴォルザークの『第8番』があってもいい。

終楽章の輝かしいファンファーレが始まるころには、すっかりこの演奏に魅了されていると思う。

AR 0115
①ドヴォルザーク『交響曲第8番』
②ベートーヴェン『フィデリオ』序曲
序曲『コリオラン』
シャルル・ミュンシュ指揮、ボストン交響楽団
原盤：①RCA SB6509、②LM2015
録音：①1961年3月13日、シンフォニー・ホール（ボストン）、ステレオ、②1955年11月9日、2月26・27日、シンフォニー・ホール（ボストン）、モノラル

ないからアリアCDで作りました

サン＝サーンス名曲ボックス4枚組み

2021年の「サン＝サーンス・イヤー」に合わせて、以下の代表曲が全部入ったCDボックスがないか探した。

・『ピアノ協奏曲全集』（全5曲）
・組曲『動物の謝肉祭』
・『交響詩「死の舞踏」』
・『序奏とロンド・カプリチオーソ』
・『ヴァイオリン協奏曲第3番』
・『交響曲第3番「オルガン」』

そうしたら……ないのだ。これらの曲が全部入ったボックスが。

昔は2つあったはずなのだが、いまは2つとも廃盤！　サン＝サーンス記念イヤーにもかかわらず！　なんたることだ！

　でも、あきらめなかった。なければ作ればいいのだ。それぞれの名作の決定的名演で「サン＝サーンスのベスト名曲ボックス」を作ればいい！

　ということで、名復刻レーベルARDMOREとの協力でサン＝サーンスのベスト名曲ボックスを作ってみた。絶対的歴史的名演で、前述のサン＝サーンスの名作が全部入っている。

『ピアノ協奏曲全集』

ジャンヌ＝マリー・ダルレ（ピアノ）

　とにかくもうここ半世紀ずっとこう言われてきた。「サン＝サーンスの『ピアノ協奏曲全集』はやっぱりダルレ」。誰に聞いてもみんなそう言う。しかし仮にももう半世紀以上前の録音である。いいかげん、同じことを言うのはやめてくれ……。

　そんなことを言いながら、久しぶりにジャンヌ＝マリー・ダルレの演奏で全曲聴いてみた。そうしたら。「サン＝サーンスの『ピアノ協奏曲全集』は、やっぱり、ダルレ」。聴き終わったあと、結局そう言ってしまった。やっぱりすごいのだ。

　ピアノ音楽について非常に詳しい評論家の谷戸基岩が「こんなにも輝かしく洒脱にそして深く読み込んで演奏したものは空前絶後。これほどまでにパッセージがきらめき、自然に呼吸した演奏を果たして聴いたことがあるだろうか」（『ピアニスト名盤500――世界のピアニスト186人の名盤500枚ピアノを楽しむためのテーマ別ファイル』〔ONTOMO MOOK〕、音楽之友社、1997年、231ページ）と絶賛していたが、いやはや、まったくそのとおり。こんなにも聴いていて心が大空に舞い上がるような高揚感を与えてくれる演奏にはお目にかかったことがない。

　たとえば『第2番』の第1楽章。まるでこの世の美しいもの切ないものをすべて吸い込んでしまったかのように、聴く者の呼吸は1分間止まる。まるでミューズがちょっと地上に降りてきてピアノと戯れているかのよう。そう、どことなく浮世離れしているのである。神がかっていて人間ではないみたい。輝かしくて神々しくて、でもちょっとしゃれっけもあって。

半世紀たってもこの演奏が君臨するのは、……仕方がないかもしれない。

組曲『動物の謝肉祭』

レイモン・トルアール、アンリ・メルケル、ナヴァラ、フェルナン・カラジュというとんでもないメンツによる録音。でもまあ曲が曲なので気軽に聴いてほしい。ナヴァラの「白鳥」に心打たれるのもまた一興だ。

『交響詩「死の舞踏」』
ルイ・フレスティエ指揮

『動物の謝肉祭』が終わって突如始まった味わい深い演奏にきっと驚かれることと思う。

前述したダルレの『ピアノ協奏曲全集』で指揮をしていたルイ・フレスティエによる『交響詩「死の舞踏」』。この人の『幻想交響曲』は知る人ぞ知る超名演だが（ARD 0131、本書「こんな痛快で面白い『幻想』はちょっとない」）、これはそのフレスティエの隠れた名盤だ。

これを聴けば、ダルレの名演を陰で支えていたのがこの人だったことがわかると思う。

『序奏とロンド・カプリチオーソ』『ハバネラ』
ヘンリク・シェリング（ヴァイオリン）

ヘンリク・シェリングを聴いていると、ときどき不思議な感覚にとらわれることがある。普通シェリングというと、バッハの演奏に代表されるような精神的な深さ、人道主義的で社会奉仕的なヒューマニズム、高潔な気高さ、端正で奥ゆかしい誠実さ……そんな形容が頭に浮かぶ。なにせちょっと堅物なイメージ。厳格とか崇高とまではいかないが、優しい大学教授とでもいおうか。
　ところが、ときおりそのイメージが崩れるときがある。羽目を外すというわけではないのだが、日頃のシェリングのイメージと相反するような、空を駆ける明朗爽快な演奏に出合うのである。今回のサン＝サーンスの2曲がまさにそれ。1946年にメキシコ市民権を得たのもうなずける、爽やかな南国の空のような演奏。アルジェを愛したサン＝サーンスの南国趣味とも相通じるところがあるような気がする。

『ヴァイオリン協奏曲第３番』
ジノ・フランチェスカッティ（ヴァイオリン）

　ジノ・フランチェスカッティの代表的録音。
　ときおり「頭空っぽ」のようにいわれるフランチェスカッティだが、それの何が悪い。ニコロ・パガニーニの孫弟子の父から教えを受けた、いってみれば「マルセイユ生まれのイタリア系ヴァイオリニスト」フランチェスカッティ。フランス生まれでもパリ音楽院の生徒ではないのだ。パガニーニを思わせる、どこまでも突き抜けるヴィルトゥオーゾ音楽を聴かせてくれる。
　そのフランチェスカッティの才能が爆発したのがこの『ヴァイオリン協奏曲第3番』。超絶技巧のなかにチャーミングな色合いを加えることもお手のもの。サン＝サーンス特有のヒロイックな旋律も、まるでヒーロー映画のようにかっこいい。堅物のヴァイオリニストにはここまでの痛快・爽快な演奏はできまい。

『交響曲第３番「オルガン」』
トスカニーニ指揮、NBC交響楽団

　録音は1952年。サン＝サーンスの『交響曲第3番』の録音には30年のピエロ・コッポラ指揮のとんでもない初期録音があるが、それを除けばこのトスカニーニの録音が最初期にあたる。
　この時期にここまで確固たる解釈がなされていたのがまず驚きだが、ここからミュンシュやユージン・オーマンディ、アンドレ・クリュイタンス、オッテルロー、ポール・パレーたちの初期名演が続くわけであり、すべての演奏の原点がここにあるのかとさえ思える。それくらい強烈な自信に満ちた演奏。この曲を聴くなら一度は聴いておかなければならない。

考えてみれば、サン＝サーンスのかっこよさとトスカニーニの竹を割ったような剛毅さが合わないわけがない。一刀両断。猪突猛進。勇猛果敢。ティンパニは控えめで、決して「煽り系」ではないのに、開始1秒からラストまで終始一貫してみなぎるその雄々しさに心震える。しかもこれがライヴと聞いて二度びっくりする。

『レスピーギ3部作』『新世界交響曲』と並ぶトスカニーニ三大名演の一つである。

AR 0116（4CD-R）
サン＝サーンス名曲ボックス

CD1
『ピアノ協奏曲全集Vol.1』
　『ピアノ協奏曲第1番』
　『ピアノ協奏曲第2番』
　『ピアノ協奏曲第3番』

CD2
『ピアノ協奏曲全集Vol.2』
　『ピアノ協奏曲第4番』
　『ピアノ協奏曲第5番「エジプト風」』
ジャンヌ＝マリー・ダルレ（ピアノ）、ルイ・フレスティエ指揮、フランス国立放送管弦楽団
原盤：PATHE DTX176 222 252
録音：1950年代中期、モノラル

CD3
組曲『動物の謝肉祭』（全14曲）
レイモン・トルアール、ジェルメーヌ・ドヴェーズ（ピアノ）、アンリ・メルケル（ヴァイオリン）、アンドレ・ナヴァラ（チェロ）、フェルナン・カラジュ（フルート）ほか、エドゥアルト・リンデンベルク指揮
原盤：ODEON OD1003
録音：1950年代中期、モノラル

『交響詩「死の舞踏」』
ルイ・フレスティエ指揮、コンセール・コロンヌ管弦楽団
原盤：COLUMBIA 33CX 1158
録音：1953年、モノラル

『序奏とロンド・カプリチオーソ』
『ハバネラ』
ヘンリク・シェリング（ヴァイオリン）、エドゥアルト・リンデンベルク指揮、フランス国立放送管弦楽団
原盤：ODEON OD 1012
録音：1950年代、モノラル

CD4
『ヴァイオリン協奏曲第3番』
ジノ・フランチェスカッティ（ヴァイオリン）、ディミトリ・ミトロプーロス指揮、ニューヨーク・フィルハーモニック
原盤：COLUMBIA 33FCX140
録音：1950年1月23日、モノラル

『交響曲第3番「オルガン」』
アルトゥーロ・トスカニーニ指揮、NBC交響楽団、ジョージ・クック（オルガン）
原盤：HMV ALP1296
録音：1952年11月15日、モノラル・ライヴ

そこにバルヒェットがいるのである

ラインホルト・バルヒェット
バッハ『ヴァイオリンとチェンバロのためのソナタ』
『ヴァイオリンと通奏低音のためのソナタ』

バルヒェットのバッハ『ヴァイオリンとチェンバロのためのソナタ』。

この一連のソナタ集を完成させた翌年、バルヒェットはこの世を去る。

店主のバルヒェットへの思い入れはご存じかもしれない。

かつてアリア・レーベル第56弾（AR 0056）で出したバッハの

『ヴァイオリン協奏曲』のアルバムでのコメントをもう一度引用させてほしい。このときの思いはいまもまったく変わらない。

> だからこのバッハも、なんの変哲もない普通のバッハ。華やかさもなければ、変わったところがあるわけでもない。本当に普通のバッハ。なのに、しんしんと降り積もる雪のように、このバッハは聴いている人の心に残っていく。真摯に、語りかけてくるのである。
> (略)
> まるで田舎の小さな教会でひっそりと奏でられたかのような、朴訥で敬虔な演奏。しかしその教会は、間違いなくまっすぐに神の御許へと続いている。
> (「ついにこのアルバムをリリースするときがきた」、前掲『クラシック名盤復刻ガイド』158ページ)

そして今回、新たに『ヴァイオリンとチェンバロのためのソナタ』の録音と向き合い、その思いはさらに強くなった。この音楽が手元にあれば、われわれはいつでも神のもとに近づけるかもしれないとさえ思う。

ただ、今回一つ大きな問題があった。ARDMOREが手に入れてくれた高額なERATOステレオ盤なのだが……どうも音がキツいのである。

ARDMOREには何回かリマスタリングをやりなおしてもらったのだが、根本的に機械的な音が直らない。バルヒェットのヴァイオリンが、そしてロベール・ヴェイロン＝ラクロワのチェンバロが、どこか金属的でキンキンするのである。聴いていると気疲れする。

考えてみれば、いままで出ていたほかのCDもそうだった。どこかキツい音がしていた。徹底してARDMOREと話し合ってその後も何回かリマスタリングを重ねてもらったのだが、店主が納得する音にならない。

もうあきらめようか、もうやめようか……そう思ったとき、ARDMOREが提案してきたのである。「モノラル化しましょうか?」と。手元にあるのはステレオ盤なのだが、1960年前後のステレオ初期録音盤というのは、ERATOもそうだが、モノラルにすると聴きやすくなることがあるというのだ。とくに室内楽に関してその傾向が強いと。マスタリングの腕の見せどころになるが、技術があればステレオ盤をモノラルに変換することで音がしっかりと、そしてまろやかになるという。

さっそく試してもらった。届いたサンプルをおそるおそる聴いたら……まったくそのとおりだった！　ちょっと聴きづらかった金属的な音がすっと消えてまろやかで穏やかになり、しかしぼやけずしっかり明確で凛としている。そしてバルヒェットのちょっとした息遣いまでもが伝わってくる。そこにバルヒェットがいるのである。

ARD 0117（2CD-R）
バッハ『ヴァイオリンとチェンバロのためのソナタ』
『ヴァイオリンと通奏低音のためのソナタ』

Disc1
『ヴァイオリンとチェンバロのためのソナタ ロ短調BWV1014』
『ヴァイオリンとチェンバロのためのソナタ イ長調BWV1015』
『ヴァイオリンとチェンバロのためのソナタ ホ長調BWV1016』
『ヴァイオリンとチェンバロのためのソナタ ハ短調BWV1017』

Disc2
『ヴァイオリンとチェンバロのためのソナタ ヘ短調BWV1018』
『ヴァイオリンとチェンバロのためのソナタ ト長調BWV1019』
『ヴァイオリンと通奏低音のためのソナタ ト長調BWV1021』
『ヴァイオリンと通奏低音のためのソナタ ヘ長調BWV1022』
『ヴァイオリンと通奏低音のためのソナタ ホ短調BWV1023』
『ヴァイオリンと通奏低音のためのソナタ ハ短調BWV1024』

ラインホルト・バルヒェット（ヴァイオリン）、ロベール・ヴェイロン＝ラクロワ（チェンバロ）、ヤコバ・ムッケル（チェロ）（BWV1021、1023、1024）
原盤：ERATO 50079、50080、50089
録音：1960年9月、1961年1月、モノラル化して収録

まるで丁寧に織られた織物のように

アグネス・ギーベル（ソプラノ）
モーツァルト『宗教作品集』

HECTORグループのRICHTHOFEN DISCレーベルから出ている『RICHT 55002』。これは店主が選ぶ「生涯の10枚」のうちの1枚。

1956年1月16日、アグネス・ギーベルが歌った「ラウダーテ・ドミヌム（Kv.339）」が入っている。

RICHTHOFEN DISC RICHT 55002
①シューマン『ピアノ協奏曲イ短調』
1961年、ライヴ録音、モノラル
②モーツァルト『証聖者の荘厳な晩課Kv.339』
1956年1月16日、ライヴ録音、モノラル
ヨゼフ・カイルベルト指揮、ケルン放送交響楽団
①アニー・フィッシャー（ピアノ）
②アグネス・ギーベル（ソプラノ）、クリスタ・ルートヴィヒ（メゾ・ソプラノ）、リヒャルト・ホルム（テノール）、ペーター・ロート＝エーラング（バス）、ケルン放送合唱団

アグネス・ギーベル。バッハの宗教曲で知られるソプラノ歌手で、モーツァルトも得意としていたが、自分の容姿を考慮してオ

ペラの舞台に立つことはなかったという。真摯でひたむき、まっすぐで安らかな歌声。こんな歌手はなかなかいない。

さて、そんなギーベルが歌った畢生の名曲「ラウダーテ・ドミヌム」。この名曲をギーベルの歌声で聴くと、耳にした途端すべての視界は閉ざされ、思考は停止する。

その「ラウダーテ・ドミヌム」。もちろん、これまでいろいろな人の演奏で聴いてきた。しかし、そういう感覚に陥ることはなかった。そんな尋常でない状態に陥るのは、ただ一つ、このギーベルが歌う「ラウダーテ・ドミヌム」だけだった。まさに理想。技巧的なことではない。神の歌を歌う者としての心構えとでもいおうか。自然でありながら、優しく、穏やかで、清らかで凛としている。しっかりとこちらの手を取り、優しい笑みを浮かべながら、モーツァルトだけが作り上げることができた神の世界に、聴く人を連れていってくれる。

さて、そんな店主が愛するギーベルの「ラウダーテ・ドミヌム」だが、実はもう一つ録音がある。というか、もう一つのほうはTELEFUNKENのステレオ録音なので、こちらのほうが有名である。20年前には国内盤も出ていた（WPCS-22041)。いまは国内盤・輸入盤ともに出ていない。

このTELEFUNKENのステレオ録音は、前述した1956年の奇跡のライヴ演奏の10年後、66年ごろの録音である。

緊張感や完成度は1956年のライヴのほうが上だと思うが（ライヴのほうがすごいというのがギーベルらしい)、なにせこちらのアルバムは、崇高で温かいモーツァルトの7つの名曲が、まるで丁寧に織られた織物のように束ねられているのである。なんとぜいたくで、なんとありがたいアルバムだろう。

ただ、以前出ていたWARNERの国内盤は、どうもキンキンしていて、聴いていて疲れる。ギーベルの声を聴いて疲れるというのはあまりにも残酷な皮肉。そこでARDMOREに、質がいい原盤を見つけたら復刻するようにずっとお願いしていた。その長年の夢がかなったのが、この「ARD 0118」というわけである。

さすがARDMORE 、できあがった完成盤は、もちろん聴いて疲れることもなく、ギーベルの心休まる温かい歌声をきっちり届けてくれる。優しくてふんわり穏やかだ。

これでギーベルの「エクスルターテ・ユビラーテ」も「アヴェ・ヴェルム・コルプス」も安心して聴けるようになる。

このアルバムで指揮をしているのはペーター・ロンネフェルトというドイツの指揮者だ。あまりその名を聞いたことがないかもしれないが、20歳でザルツブルクのモーツァルテウム音楽院で教鞭を執り、23歳でカラヤン指揮下のウィーン国立歌劇場で副指揮者を務めたという天才。1961年にボンの歌劇場の首席指揮者に、さらに63年からキール歌劇場の音楽監督になった……が、なんと65年、30歳の若さで病に倒れ、この世を去ってしまった。

もしこの人が生きていたら、マゼール、アバド、小澤征爾世代の指揮者の勢力地図は変わっていたかもしれない。

ARD 0118
モーツァルトの『宗教作品集』
モーツァルト『ヴェスプレ Kv.321』より「ラウダーテ・ドミヌム」
『レジナ・チェリ Kv.127』
『それ故に大切なことは……高きを求めて Kv.143』
『ヴェスプレ Kv.339』より「ラウダーテ・ドミヌム」
『エクスルターテ・ユビラーテKv.165』
『主の御保護のもとにKv.198』
『アヴェ・ヴェルム・コルプスKv.618』（全7曲）
アグネス・ギーベル（ソプラノ）、ペーター・ロンネフェルト指揮、ウィーン交響楽団、ウィーン・アカデミー室内合唱団、ベルト・ヴァン・トホフ（テノール、Kv.198）
原盤：TELEFUNKEN SLT43094
録音：1966年ごろ、ステレオ

幻の音源

クレツキ指揮&ロイヤル・フィル
ブラームス『交響曲第1番』

アリア・レーベルのためにいろいろなLPやSPを探し回ってくれているARDMOREのオーナーから連絡があった。クレツキのブラームス『交響曲第1番』の状態がいいLPを手に入れた、と。そうとうレアなものらしい。

このブラームス『交響曲第1番』は、1958年から59年にかけてクレツキがロイヤル・フィルと収録した音源。これはイギリスCOLUMBIA、そしてアメリカANGELでLP発売されたが、店主が知るかぎりCD化はされていない。おそらくモノラル録音だったことが各社のCD復刻に二の足を踏ませたのではないか。

クレツキのブラームスの交響曲というと『第4番』がいくつか出ているくらいで、残念ながらシューマンのように全集にはなっていない。『第1番』も知るかぎりではこの音源だけ。クレツキの『第1番』なら聴いてみたいという方は多いと思うのだが、これまで日の目を見ず、ほとんどお蔵入りになっていた。

店主も「すごい」という噂だけは耳にしていたが、実際に聴いたことはなかった。いわば幻の音源。その音源を今回ようやく手に入れることができたわけである。

その演奏は、クレツキらしくヒューマニスティックで温かく、牧歌的で幸福感に満ちた音楽。だが、それが終楽章で雰囲気が一気に変わる。とくに第1主題が始まったあたりからは、大伽藍の様相を呈する。ドイツ系の指揮者のようなカタストロフ的な展開というよりは、崇高で荘厳な神の世界がいきなり眼前に広がったような感じだ。

さらに終盤にはいままでまったく聴いたことがない音楽が浮かび上がってきてギョッとする。20世紀中盤までのドイツ系のブラームス演奏とは明らかに違う、別の種類のブラームス演奏がここにある。

もちろんクレツキのことなので変わったことをやろうとか、奇異なものを狙うとかいう意志はまったくないだろう。必然として、ただただ必然としてこうなったのだと思う。

そうしてすべてを聴き終えたあと、フルトヴェングラーやアーベントロートとは違う、もう一つの偉大な山脈がここにも存在したことを認識することになる。

ARD 0119
ブラームス『交響曲第1番』
パウル・クレツキ指揮、ロイヤル・フィルハーモニー管弦楽団
原盤：ANGEL 35619
録音：1958年12月-1959年1月、アビー・ロード・スタジオ（ロンドン）、モノラル

フルトヴェングラー、エーリヒ・レーンとのベートーヴェン『ヴァイオリン協奏曲』、そして戦時中最後のベルリン・フィルとのコンサート

このアルバムには、フルトヴェングラーとベルリン・フィルによる1944年1月のベートーヴェンの『ヴァイオリン協奏曲』と、その1年後、45年1月のブラームスの『交響曲第1番』終楽章が収録されている。

①ベートーヴェン『ヴァイオリン協奏曲』
エーリヒ・レーン（ヴァイオリン）、ヴィルヘルム・フルトヴェングラー指揮、ベルリン・フィルハーモニー管弦楽団
1944年1月12日、ベルリン・フィルハーモニー楽堂、モノラ

ル

いまから8年ほど前、もうすぐベルリンに行くというときに、レーンがフルトヴェングラーと共演したベートーヴェンの『ヴァイオリン協奏曲』を聴いた。

これは特別な演奏なのである。1944年1月12日。ベルリン・フィルハーモニー楽堂での録音。

当時のベルリンはイギリス空軍の無差別爆撃にさらされ、ベルリン・フィルの団員にも被害が及び、本拠地フィルハーモニー楽堂も正面に爆弾が落とされ図書館が消失していた。コンサートのプログラムには「空襲時の退避のお知らせ」が掲載されていたという。

そして訪れた1944年1月12日。焼け残っていたフィルハーモニー楽堂の前の瓦礫の山は、今日のコンサートを待ちわびる人のために撤去され、ベルリン・フィルはなんとか公演にこぎつける。ここに収録したレーンとフルトヴェングラーの共演によるベートーヴェンの『ヴァイオリン協奏曲』は、その日の演奏だ。

レーンは戦後ハンス・シュミット＝イッセルシュテットに請われてハンブルクの北ドイツ放送交響楽団の初代コンサート・マスターに就いたが、この当時はベルリン・フィルのコンマスだった。

アリア・レーベル「AR 0003」（「屈辱と失意のなかから立ち上がるドイツの熱い思い」、前掲『クラシック名盤復刻ガイド』16ページ）でもその逸話が出てくる。

さて、1944年1月12日、ベルリン・フィルハーモニー楽堂での演奏会。その演奏会は無事開催された。

しかしこのあとの1月30日、フィルハーモニー楽堂には無数の燐光爆弾が放たれ、多くの夢を生み出したこの歴史的な音楽ホールはここでついに命運が尽きることになる。

結局、この日の演奏会が旧フィルハーモニー楽堂での最後のコンサートになってしまったわけである。

フルトヴェングラー未亡人は、「当時はみんな爆撃で破壊された瓦礫の山を踏み越えてコンサートに来た。楽員はみなこれが最後と思って弾いていた」と語っていたという。

「そんなときにコンサートを……」と思ってしまうが、当時のドイツの人たちにとって「生きるということ」と「音楽」とは同義だったのかもしれない。こんな時期にコンサートが開かれたというのも彼らにとっては「奇跡」ではなく「当然」のことだったのだろう。食べ物を減らしてでもコンサートに行くお金をためたというのだから。

そんな危機的戦乱の状況下で開かれた演奏会でのレーンとフルトヴェングラーによるベートーヴェンの『ヴァイオリン協奏曲』。

レーンのヴァイオリンはおそろしいほど美しい。強烈なほどに美しい。こんな生きるか死ぬかという切迫した状況のなか、まるで天使のように美しい。

ある人はレーンのヴァイオリンを「高く舞いながら天空に音を漂わせる」と表現していたが、本当にそう。耐えきれないほどの悲しみと苦しみを抱きながら、それでも高潔で優雅でいようとしている。そしてここまで絶望的な状況のなか、それでもまだ平和がくることを、少なくともここに平和があることを証明しようとしている……そんな感じなのだ。

それはもう演奏というよりも「祈り」に近い。先入観で音楽を聴いてはいけないことはよくわかっているつもりだ。でも、これは先入観ではない。そういう状況でこの演奏がなされたことは事実だ。たくさんの人間が死んでいくのをその目で見てきて、そして自分たちもこれからどうなるかわからない、いや、いまにも上から爆弾が落ちてくるかもしれない、そんな状況での演奏なのである。

ライヴ録音だから観客の咳が頻繁に聞こえてくる。だからある人はこの録音を聴いて「ちょっと観客の咳がうるさい」と言っていた。うるさいですか？　1月の真冬に命がけで演奏会にやってきた人の咳はうるさいですか？

でも……そんな状況のなかで、この美しいコンチェルトは奏で

旧フィルハーモニー楽堂跡地（筆者撮影）

られたのである。

その後、ベルリンに行ってきた。旧フィルハーモニー楽堂の跡地にも行ってきた。いまは広場になっていた。

②ブラームス『交響曲第1番』（終楽章）

ヴィルヘルム・フルトヴェングラー指揮、ベルリン・フィルハーモニー管弦楽団

1945年1月23日、アドミラル・パラスト（ベルリン）、モノラル

戦時中、多くの、本当に多くの音楽家たちの命をナチスから守ったフルトヴェングラーだったが、ついにその魔の手が自分に迫っていることを察知した。

そこでフルトヴェングラーはウィーンでコンサートを開くことを口実にベルリンから脱出、そこからさらにスイスへと亡命を図る。

音楽の神様の助けもあって、そのもくろみはうまくいく。が、一つ間違っていたらフルトヴェングラーの人生がそこで終わっていた可能性も十分にあった（ARD 0112、本書「フルトヴェングラ

ー&ウィーン・フィル1945年1月、スイス亡命直前の演奏会」)。

ここで紹介するブラームスの『交響曲第1番』終楽章は、フルトヴェングラーがベルリンを脱出する直前の、戦時中最後のベルリン・フィルとのコンサートでの演奏だ。

1945年1月23日。今度いつベルリンに戻ってこられるか、いや戻ってこられないかもしれない。それ以前に今日、連合軍の激しい空襲があるかもしれない、そんな状況でのコンサート。

当日、モーツァルトの『魔笛』序曲が演奏され、続く『交響曲第40番』の演奏中、突如照明が消える。演奏はしばらく続いたが、やがて薄暗い非常灯のなか、途中で死ぬように終わる。団員も観客もまんじりともせず事態を見守った。何が起きてもおかしくない状況だったが、誰も帰ろうとしなかったという。そしてそれから1時間後、公演は再開された。

曲はモーツァルトではなく、後半に予定されていたブラームスの『交響曲第1番』。

残念ながら全曲が録音されることはなかったが、誰かの意地だったのだろう、終楽章だけが残された。

この日の公演は午後3時から始まった。夜は空襲があるからだ。

実はこの日の連合軍のベルリンでの爆撃音を聞くことができる。この1月23日にはヴァルター・ギーゼキングによる『皇帝』のコンサートも開かれていて、そのときの録音に爆撃音がはっきりと入っているのである。

ベルリンの音楽家はこんな状況下でコンサートを開き、ベルリンの音楽ファンはこんな状況下でコンサートを聴きにきていたのである。

そのおそろしい状況下での演奏は、聴く者の想像を絶する。「命がけ」とか「死と隣り合わせ」とか、そうした言葉の形容が軽く感じられる。すでに音楽というレベルを超えているのだ。

フルトヴェングラーの名演のなかでも、鑑賞とは別の次元の体験をさせられることになる、最も特殊な演奏の一つ。とくに第1主題が奏される直前の「永遠の1秒」では、おそらく心臓が止まりそうになる。

ARD 0120
①ベートーヴェン『ヴァイオリン協奏曲』
②ブラームス『交響曲第1番』（終楽章のみ）
ヴィルヘルム・フルトヴェングラー指揮、ベルリン・フィルハーモニー管弦楽団、①エーリヒ・レーン（ヴァイオリン）
音源：private tape
録音：①1944年1月12日、ベルリン・フィルハーモニー楽堂、モノラル、②1945年1月23日、アドミラル・パラスト（ベルリン）、モノラル

この人のモーツァルトを聴くと、ほかの人の演奏では聴けなくなるという

アレクサンドル・セリエ
モーツァルト『ピアノ協奏曲第9、13、14、15、18、27番』

この人のモーツァルトを聴くと、ほかの人の演奏では聴けなくなる、といわれる。

アレクサンドル・セリエ。端正で優美。なにより自然。「何回聴いても飽きない」と言った人がいたが、飽きるどころか、何回聴いても天国に連れていってくれる。音楽の神がモーツァルトを介して「真の美」を表現したのだとしたら、それをそのままこの世に顕現したのがセリエだ。

モーツァルトの音楽に恣意を求めない、ただただあるがままの姿で聴きたければセリエの演奏を聴けばいい。

……ただ、その協奏曲録音は限られていて、2つのレーベルから6曲が出ているだけ。しかも、その原盤はそうとうに手に入りにくい。フランスではとんでもない高値で中古盤が取り引きされているという。

セリエは1924年生まれのフランス系ドイツ人。ギーゼキング

やエドウィン・フィッシャー、ウィルヘルム・ケンプに師事し、ザールブリュッケンの音楽学校で教えていたらしい。ただその演奏は「フランス的」とか「ドイツ的」というよりも、人間離れしていて、あえていうならやはり「天国的」、か。

過度の期待を抱かず、風のようにさらりと聴いてほしい。ふとした瞬間に、人生最上のモーツァルトが流れていることに気づくだろう。

ARD 0121-1/2（2CD-R）
モーツァルト『ピアノ協奏曲第9、13、14、15、18、27番』
アレクサンドル・セリエ（ピアノ）、カール・リステンパルト指揮、ザール室内管弦楽団
原盤：CLUB NATIONAL DU DISQUE CND12 & 13
LUMEN LD2-350s & 351s
録音：1950年代後期、モノラル

「え、デルヴォー、こんなすごい人だったの!?」

デルヴォー指揮&コンセール・コロンヌ
チャイコフスキー『交響曲第6番「悲愴」』

ピエール・デルヴォー。フランスの粋を伝える名匠。1917年生まれで、ジュリーニ、バーンスタインと同世代だが、その名声は彼らのように全世界的人気にまで高まることはなかった。そして、いまから30年前にひっそりとこの世を去った。

音楽ファンの多くにこの人のことを聞けば、おそらくこう言う

にちがいない。「デルヴォー？　ああ、いい指揮者だよね、よく知らないけど」……と。

でもそれは仕方がない。録音がないのだ。いや、フランスもののオペラや管弦楽曲はいくつか残している。……しかしどんなにいい演奏でも、アルベール・ルーセルの『小管弦楽のためのコンセール』やジョルジュ・ビゼーの『真珠採り』、エリック・サティの『ソクラテス』では音楽ファンの高い評価を得られない。やはり、みんなが大好きな有名人気曲で、かつすごい演奏を残さないとダメなのである。

では……紹介しよう。「え、デルヴォー、こんなすごい人だったの!?」と思っていただける演奏を。そして一度聴いたが最後、この人に対する認識が大きく変わるような演奏を。

それがこの1961年の『悲愴』。この図太さ、面白さ、壮絶さ。こんなにもエネルギッシュでダイナミックで、聴いていて興奮して、頭をグラングランに振り回される演奏はそうそうないだろう。

これを聴けば、店主が思わずうめいた「まだこの曲にこんな名演が残っていたのか」という言葉をみなさんもきっと発することになるだろう。そして「え、デルヴォー、こんなすごい人だったの!?」と言ってデルヴォーの有名大作録音をもっと聴きたくなることだろう。

そう、デルヴォーは、われわれが思っているよりも、そうとうすごい人なのだ。

ARD 0122
チャイコフスキー『交響曲第6番「悲愴」』
ピエール・デルヴォー指揮、コンセール・コロンヌ管弦楽団
原盤：DUCRETE THOMSON OC504
録音：1961年12月17日、モノラル

アンゲルブレシュトにようやく会えた

ワーグナー『タンホイザー』序曲

30年くらい前だったか。フランスにデジレ＝エミール・アンゲルブレシュトというすごい指揮者がいると聞いて、ちょうど来日中だったので急いでホールに駆けつけた。しかし、聴いてみるとわりと普通の演奏だったのでおかしいなと思ってその日の指揮者の名前をよーく見たら、ゲルト・アルブレヒトだった。

家に帰ってもう一度調べてみると、偉大なるフランスの大指揮者の名前はアンゲルブレシュトだった。そしてその人は、自分が生まれた年に亡くなっていた。……アンゲルブレシュトには会えないのだ。

そんなこともあって、その後もアンゲルブレシュトのことが気になって、機会あるごとにその録音を聴いてきた。だが、その偉大さはわかるものの、ぶっ飛んでのけぞる、というところまではいかなかった。

しかし今回のライヴはすごい。とくに『タンホイザー』序曲。表現が容赦ないのだ。こんな『タンホイザー』を作り出せるのはドイツならフルトヴェングラー、イタリアならトスカニーニ、そしてフランスならアンゲルブレシュトということなのか。

聴き終わったあとにへとへとになって、身も心も蹂躙されて、思考も思想も塗り替えられてしまいそうな演奏。確かにワーグナーはこうあるべき、そう思わせられる演奏。これを聴いてアンゲルブレシュトにようやく会えた気がした。

アンゲルブレシュトは1880年、パリ生まれ。パリ音楽院に進むが、放校処分になったという。

1913年、シャンゼリゼ劇場の音楽監督に就任、34年には、フランス国立放送管弦楽団の初代指揮者になった。

第2次世界大戦後も1945年から50年にかけてパリ・オペラ座

の常任指揮者を務め、その後もシャンゼリゼ劇場を中心に活動、しばしばフランス国立放送管弦楽団に客演するなど活発な指揮活動を繰り広げていたが、65年、パリで亡くなっている。

ドビュッシーに高く評価されたことで知られ、ドビュッシー生誕100周年記念演奏会での歌劇『ペレアスとメリザンド』の録音は音楽ファンの間では伝説になっている。

指揮者のジャン・フルネは『聖セバスチャンの殉教』を指揮するときに、ドビュッシーとアンゲルブレシュトの書き込みがあるスコアを用いたという。

ARD 0123
①ビゼー『カルメン』より「第3幕間奏曲」
②ビゼー『カルメン』より合唱曲「闘牛士の行進」
③ビゼー『アルルの女』より「第1組曲」と「第2組曲」(8曲)
④ワーグナー『タンホイザー』序曲と『バッカナール』
⑤ムソルグスキー『交響詩「禿山の一夜」』
デジレ=エミール・アンゲルブレシュト指揮、①②コンセール・パドルー管弦楽団/合唱団、②ガストン・クリュネル(フルート)、③管弦楽団(パリ)、④⑤フランス国立放送管弦楽団
原盤:①PATHE 96265、②PATHE X 5488、③PATHE 96263/4 & 96226/7、④⑤private tape
録音:①1930年ごろ、②1927年ごろ、③1930年ごろ、④⑤1950年代、ライヴ、すべてモノラル
『カルメン』の一部にはかなり音質劣化が見られる。どうかその部分は寛大に聴いていただければ。

抱腹絶倒、しかし笑ってはいけない

ビーチャム&シンフォニー・オブ・ジ・エアー
1957年1月23日のブラームス

本書「指揮は、そこにいないトスカニーニ」でも述べたが、トスカニーニが1954年6月に引退したことで、彼が率いていた

NBC交響楽団は解散になった。しかし多くの人々の希望を受けて、NBC響は「シンフォニー・オブ・ジ・エアー」という自主運営オーケストラとして存続することになる。そしてこのシンフォニー・オブ・ジ・エアーは、1957年にトスカニーニが亡くなったあともその薫陶を胸に、64年まで活動を続けた。

ところで、ここに登場するのはトスカニーニとは全く関係ないビーチャム。そのブラームス『交響曲第3番』。

ここでのビーチャムは、のっけからもうノリノリ。完全躁状態。「ふんは！」「はんが！」「えいや！」「ふんがー」「ほわわわー」と、マイクなんかものともせずに奇声上げまくり、気合入れまくり。しょっぱなの3秒で間違いなく大爆笑すると思う。で、オーケストラもそれに引きずられて、これまで聴いたことがないようなお祭り騒ぎのブラームス『第3番』になっている。

さらにびっくりなのは、あのロマンチックな第3楽章。どんなハチャメチャになるかと思ったら、あにはからんや、今度は一転して超ロマンチックなドロドロ映画音楽風展開。こんなにもドロドロに泣ける第3楽章も珍しい、というか聴いたことがない。さっきはあんなに笑ったのに、今度はちょっとうるうるしてしまいそうになる。

それにしても、いったいビーチャムはどうしてしまったのか。何があったのか。どこか普通じゃない。ちょっと待て。ここで初めてオーケストラの名前を見る。オケは……えっと……シンフォニー・オブ・ジ・エアー。ん？　ビーチャムがあのシンフォニー・オブ・ジ・エアーを指揮している……。

演奏日は……。え……。1957年1月23日。これ、トスカニーニ追悼公演だった……。

笑ってる場合じゃなかった。

ARD 0124
①ブラームス『交響曲第3番Op.90』
②ブラームス『ハイドンの主題による変奏曲』
トーマス・ビーチャム指揮、①シンフォニー・オブ・ジ・エアー、②ロイヤル・フィルハーモニー管弦楽団
音源：①②private tape
録音：①1957年1月23日ライヴ、モノラル、②1950年代、ライヴ、モノラル

こういう音楽が必要なときもあると思う

シャルル・シルルニク
ベートーヴェン『ヴァイオリン協奏曲』

まるで天上から舞い降りたかのようなヴァイオリン。こんなにも美しい演奏があったか。

神々しいまでに美しいシャルル・シルルニクのベートーヴェン『ヴァイオリン協奏曲』。この人が弾くと、この曲がこんなにも優しく、温かく、繊細で優美に響く。

パワーが足りなくて仕方なく優美になっているのではない。デルヴォーの懐深いフォローのもと、一音一音を丹念に端正に、命を込めて弾いている、そんな演奏なのだ。

シャルル・シルルニク。その名はあまり知られていないが、しかしこの幽玄の美ともいうべきはかなく奥ゆかしいベートーヴェンを聴けば、この人がただものでないことはすぐにわかるはず。

全曲聴き終わったあと、あまりにいとおしくてもう一回聴いてしまった。

ときおり傷ついてしまう心には、こういう音楽が必要なときがあると思う。

シルルニクは1923年、パリ生まれのユダヤ人ヴァイオリニスト。パリ音楽院でブーシュリ（アンドラード、ヌヴー、オークレー

ルの師匠）のクラスで学び、39年に一等賞を得ている。第2次世界大戦で弟がアウシュヴィッツで殺害されるなか、自身はなんとか戦後まで生き延び、その後はパリで活動する。スペイン、ベルギー、スイス、チュニジア、モロッコ、メキシコなどでもコンサートを開くが、40歳になる前に病気のため引退。

シルルニクはわずかな録音しか残していないが、いずれも超一級の演奏といわれる。

今回のベートーヴェンはそんなシルルニクの奇跡的な録音の一つである。

ARD 0125
ベートーヴェン『ヴァイオリン協奏曲』
シャルル・シルルニク（ヴァイオリン）、ピエール・デルヴォー指揮、コンセール・コロンヌ管弦楽団
原盤：DUCRETE THOMSON SCC506
録音：1962年、ステレオ

大爆発第4楽章、何がここまで彼をかきたてたのか

ミトロプーロス指揮＆ニューヨーク・フィル
ベートーヴェン『交響曲第9番「合唱」』

ミトロプーロス・ファン絶句の『第9』。ディミトリ・ミトロプーロスの『第9』は記録上これしか残っていない。未発売放送音源ということでプライベート盤で発売されていたが、いまは手に入らない。この怪物演奏の噂を聞いて探していた人は多かったはず。

アテネ出身の指揮者ミトロプーロス。代々ギリシャ正教の司祭を出してきた家庭で育ったという。そのストイックで厳粛な雰囲気から、楽団員たちからは敬意を込めて「ギリシャの哲人」と呼ばれた。

また演奏史上に残る天才として知られるが、有名なのはこのエピソード。

1930年、ベルリン・フィルの客演指揮に招かれ、名手エゴン・ペトリがピアノを弾くセルゲイ・プロコフィエフの『ピアノ協奏曲第3番』を指揮することになったが、ペトリがこの曲の演奏を辞退。コンサートが立ち行かなくなったところ、ミトロプーロスはこの曲をこともなげに弾き振りで演奏してしまったという。

さて、そんなミトロプーロスの『第9』である。

これがどんな敬虔で崇高な演奏かというと……びっくり仰天の超爆演。とくに終楽章は冒頭から爆裂。これほど凶暴なミトロプーロスを聴いたことがない。何がここまで彼をかきたてたのかまったくわからない。

血煮えたぎり、肉躍り、興奮は絶頂に達する。随所で聴いたことがない解釈が見られ、「この曲でそれをやっちゃいかんだろう」と突っ込みたくなるような場面が頻発。

敬虔な修道士がやってはいけないことをしてしまって、それならとことんやってしまえ、と開き直ったかのような「毒を食らわば皿まで」の演奏。いやそれでも足りず勢いあまってテーブルまで食べてしまったというような演奏である。

当時のミトロプーロスとニューヨーク・フィルはマンネリ化して未来の展望が築けない状況だったと聞いている。そうしたなか、どうしてこんな演奏が可能だったのか。それとも、だからこそこの破綻一歩手前の驚天動地、狂乱怒濤の演奏が生まれたのか。

ちなみにニューヨーク・フィルには、このあとバーンスタインが来るわけである。よろしければAR 0005（「バーンスタイン、成功への長い道のり」、前掲『クラシック名盤復刻ガイド』21ページ）を。

ARD 0126
ベートーヴェン『交響曲第9番「合唱」』
ディミトリ・ミトロプーロス指揮、ニューヨーク・フィルハーモニック、フランシス・イーンド（ソプラノ）、マーサ・リプトン（メゾ・ソプラノ）、デヴィッド・ロイド（テノール）、マック・ハレル（バリトン）、ウェストミンスター合唱団
音源：private tape
録音：1955年、ライヴ、モノラル

これが……ルフェビュールか

ベートーヴェン『ピアノ・ソナタ第30番』『第31番』

イヴォンヌ・ルフェビュール。1898年生まれのフランス人ピアニスト。20世紀を代表するフランスのピアニストの一人といわれるが、教育活動に熱心だったので録音はあまり残っていない。

そんななか、ずば抜けて有名なのはフルトヴェングラーとのモーツァルト『ピアノ協奏曲第20番』。1954年5月15日、ルガノのアポロ劇場でおこなわれたライヴ録音。ただそこでのルフェビュールはもちろんすごいのだが、やはり彼女を聴くというよりもフルトヴェングラーを聴く、という録音だと思う。

さて、それから何十年もたって、フランスのSOLSTICEからいきなり80歳近いルフェビュールの録音が登場する。年齢を感じさせないそのみずみずしい演奏はファンを驚嘆させた。SOLSTICEがその後発売した一連のシリーズは、レーベルの大黒柱としていまでもベストセラーになっている。

……とはいうものの、さすがに「これはルフェビュールの全盛期の演奏ではないよ」と言われてしまうと、決して悪い演奏ではないのにどこか壊れ物を扱うような感じでハラハラしながら聴いてしまい、あげくに「全盛期はどんなだったのだろう」と思ってしまう自分がいた。

さて、今回の録音のとき、ルフェビュールは50代。まさに「全盛期」の録音ということなのだが、いったいどうなのか。聴いてみた。

すごいというのはいろいろな人の話でわかっていたのだが、それほど大きな期待をしないで気軽に聴いたものだからかなり大きな衝撃を受けてしまった。

最初の一音から、びっくりするほどの圧力。太くて強い。女性とは思えないといっては失礼なのかもしれないが、ピアノの音が黒光りしているのである。聴いているこちらの胸に「ズン！」と響いてくる。こんな迫力は後年の録音にはなかった。しかも、もちろん力任せとかいうのとは違う。まったく力んでいないのに、音圧がこちらにブンブン響いてくる。この類いまれな重厚さ、荘厳さ。だからバッハが生々しくも神々しく聞こえる。こんなバッハを演奏する人がいたのか。

そして……ベートーヴェン。しかも曲は『ピアノ・ソナタ第31番』。おそらくベートーヴェン好きの人が最も愛するこの曲。こんな人の演奏でこの曲の終楽章を聴かされたら、いったいどんなことになってしまうのか。

後年のSOLSTICEの『第31番』の演奏はもちろん聴いた。とても自然体で、悟ったような清らかな演奏だった。でもこの1950年代の演奏は、そんな「清純」な演奏ではない。もっともっと深くて強くて重い。峻厳な響きのなかに、きわめて人間くさい何かを感じさせる。

そしてあの終楽章。まるで魔物が夜の闇から降りてくると聞かされているかのように、まんじりともせず演奏が始まるのを待った。

やがてにわかに始まった「悲痛な歌」。これが……ルフェビュールか……。こんな……人だったのか。

間違いなく、ここ最近で最も衝撃的な瞬間を味わった。

スタッフがいる事務所で、顔が上げられなくてしばらくうつむいたままだったのは、本当に久しぶりのことだった。

ARD 0127
バッハ『前奏曲とフーガ イ短調BWV.543（リスト編曲）』
コラール『われ汝に呼ばわる、主イエス・キリストよ BWV.639（ブゾーニ編曲）』
『幻想曲とフーガ ト短調BWV.542（リスト編曲）』
『カンタータ第147番』より「主よ、人の望みの喜びよ（ヘス編曲）」
ベートーヴェン『ピアノ・ソナタ第30番ホ長調Op.109』
『ピアノ・ソナタ第31番変イ長調Op.110』
イヴォンヌ・ルフェビュール（ピアノ）
原盤：VSM FBLP1079 & 1080
録音：1955－56年、パリ、モノラル

おそるべき個性をもった怪物

アリーヌ・ヴァン・バレンツェン

1897年にアメリカで生まれ、幼くしてパリに移住したアリーヌ・ヴァン・バレンツェン。

7歳でベートーヴェンの『ピアノ協奏曲第1番』を演奏し、9歳でパリ音楽院に入学してマルグリット・ロンらに学んだあと、わずか11歳で第1位を取って卒業した（その史上最年少の記録はいまだに破られていない）。しかも、その年同じく1位だったのがユーラ・ギュラー、そして2位がクララ・ハスキルだったというのだから尋常でない。バレンツェン、異常な天才といっていいと思う。

その演奏はズバリ自由奔放。というか、ムチャクチャ……の一歩手前。パリ音楽院で長らく教授活動をしていたというが、こんな人に教えられたら生徒はいったいどういうことになるのか？（こういうことになる、といういい例がシプリアン・カツァリス。……

なるほど）

さてそのバレンツェン、音源はこれまでほとんどCD化されていなかったのでその演奏を聴く機会はきわめて限られていたが、ここで紹介するのはベートーヴェンの『ピアノ・ソナタ第23番「熱情」』を含むアルバム。

この1947年の『熱情』が異常なのだ。とくに終楽章の異様な追い込みは、戦前のギーゼキング、マウリツィオ・ポリーニの86年のライヴにも勝る。というか別次元だ。いままで聴いたこともないような異色の演奏。途中など、指のもつれなのかそういう解釈なのかわからなくなる。聴いていると3回くらい椅子から転げ落ちそうになる。

そして最後、彼女は自分勝手に突き進んで自爆を遂げる。あまりのすさまじさに聴いているほうは涙目になって口あんぐり。

こんな爆裂したベートーヴェンをおススメするとはアリアCDの店主はなんと悪趣味な、という人もいるかもしれない。そうかもしれない。だが聴き終わったあと涙目になるような、そんな演奏はめったにないではないか。

なんにしてもバレンツェンは、おそるべき個性をもった怪物だ。聴いておいて損はない。

さらに後半には1952年の『ピアノ・ソナタ第21番「ワルトシュタイン」』と2度目の『熱情』を収録。こちらはスケールの大きな演奏が聴ける。

あたかも、昔じゃじゃ馬だったお姫様が帝の地位に就いて、貫禄ある女王になったかのような演奏なのだ。

ARD 0128
ベートーヴェン『ピアノ・ソナタ第23番「熱情」』
原盤：GRAMOPHONE DB1115/2
録音：1947年、パリ、モノラル

ベートーヴェン『ピアノ・ソナタ第21番「ワルトシュタイン」』
『ピアノ・ソナタ第23番「熱情」』
アリーヌ・ヴァン・バレンツェン（ピアノ）

原盤：VSM FALP199
録音：1952年10月、モノラル

これがタリアフェロなのだ

スペインのピアノ作品

これがタリアフェロなのだ。

ブラジルに生まれ地元サン・パウロ音楽院で学んでいたマグダ・タリアフェロの才能を見いだし、彼女にパリ音楽院への入学を勧めたのはカザルス。

そのパリ音楽院で彼女に指導し、強い個性を羽ばたかせたのがアルフレッド・コルトー。

そして、入学後わずか8カ月後の試験でプルミエ・プリを獲得した彼女に対して「すでに一人の芸術家で、人もうらやむ才能をもっている」と絶賛した審査員の一人がイサーク・アルベニス。

その賞を彼女に授与し、のちに『ピアノ協奏曲第5番』で半世紀たったいまも決定盤になっている名演を彼女に残してもらうことになるのがサン＝サーンス。

自分の演奏旅行に同行させ、もちろん自分の曲を数多く演奏させたのがガブリエル・フォーレ。

歌劇『はかなき人生』のピアノ編曲用舞曲を彼女に捧げたのがマヌエル・デ・ファリャ。

世界で最初に彼女に作品を録音してもらったのがフェデリコ・モンポウ。

美しいピアノ協奏曲を献呈し、指揮までして録音を残したのがレイナルド・アーン。

……タリアフェロ、いやはや、とんでもない御仁だ。

その魅力は、コルトー譲りの純フランス的ピアニズム、とよくいわれる。店主もそのつもりでいままで聴いてきた。

ただ同時に、どこか出生地ブラジルを思わせる熱く激しい情熱やリズムを感じることがあった。ただのフランス風ピアニストで終わらない何か。でもこれまでそれをはっきり認識させてくれるアルバムには出合っていなかった。

しかしこのスペインもの（＋エイトル・ヴィラ＝ロボス）は、それをはっきり感じさせてくれる。

ただの優雅さや艶やかさだけでは、こうまで匂い立つような音楽にはならない。ここには独特の強いリズム感がある。もっといえば、彼女だけがもっている舞踏感覚。いや……人間としてのかっこよさとでもいおうか。これは間違いなく生まれながらのものだ。自分自身は強い香りを発しながら、決して自らはその香りに溺れない南国の花のような。

このファリャ、エンリケ・グラナドス、アルベニス……ただのフランスの優れたピアニストが弾いたスペインものではないのである。スペイン音楽の熱く沸き上がるような血を全身に浴びながらの演奏とでもいおうか。

これがタリアフェロなのだ。

ARD 0129
ファリャ『はかなき人生』より「スペイン舞曲」
　『三角帽子』より「粉屋の踊り」
グラナドス『ゴイェスカス』より「嘆き、またはマハと夜鳴きうぐいす」
　『スペイン舞曲』より「アンダルーサ」「オリエンタル」
アルベニス『スペインの歌』より「第4番」「第5番」
　『イベリア』より「エボカシオン」と「トゥリアーナ」
エイトル・ヴィラ＝ロボス『ブラジルの詩』より「第2番」「第3番」
　『赤ちゃんの一族』より「道化人形」
マグダ・タリアフェロ（ピアノ）
原盤：DUCRETE THOMSON 300c114
録音：1960年、パリ、モノラル

悶絶必至、トスカニーニの爆裂演奏

ブエノスアイレス公演の『第9』

前掲の拙著『クラシックは死なない！』でも紹介した、1941年7月24日、トスカニーニ最後のブエノスアイレス公演の『第9』をアリア・レーベルで出すことになった。ここでは、同書所収の「オーケストラを血祭り トスカニーニ／1941年の『第9』」に加筆・修正して紹介する。

悶絶必至のトスカニーニの爆裂演奏。

とんでもないものを聴いてしまった。1941年7月24日。トスカニーニ最後のブエノスアイレス公演。オーケストラはブエノスアイレス・テアトロ・コロン劇場管弦楽団。

トスカニーニの異常性を知るには格好の一枚といっていい。当時のブエノスアイレスが音楽先進都市であることはわかるが、ここまで燃えるかトスカニーニ。

この激烈ぶっ飛びの『第9』を聴かされたら、いくらトスカニーニが過激な指揮者だったとわかっていたとはいえ、これまでのこの指揮者への認識を改めなければならなくなる。

しょっぱなから『第9』とはとても思えないテンションの高さ。ティンパニの強打は録音のせいかもしれないが、それにしてもその異常な推進力は正気の沙汰じゃない。

そしてオーケストラも狂ったような興奮状態。アンサンブルは崩壊寸前で、勢いに任せて次のパッセージにいくという綱渡り。

こんなテンションでいったらこれからどうなるんだという心配をよそに、第2楽章ではさらに壮絶な地獄絵巻を展開して激しいノイズを完全に打ち消す。山師が純朴な村人をだまして血祭りにあげているかのよう。……これはただのオーケストラいじめではないのか。

トスカニーニ、何かいやなことがあったのか、それともとんでもなくうれしかったのか、何かがなければこんなとんでもない演奏は生まれない。

ただ終盤にかけて理性を取り戻したのか、少しノーブルな演奏に変質していく。だが、第1、2楽章の異常性は、ぜひぜひ一聴の価値あり。こんな体験なかなかできない！

実はこの1941年の春にトスカニーニはNBC交響楽団とけんか、決裂。このオーケストラをいったん辞任している。

なのでこの『第9』を指揮した7月はNBC響とは契約を交わさず、フィラデルフィア管弦楽団などに客演したりして、自由気ままにしていた。

ひょっとすると、戦争に巻き込まれて混乱に陥っている祖国を離れ、「おれはアメリカ大陸まで来て何をしてるんだ」と憤懣やるかたない思いでこの南米のオーケストラに八つ当たりしたのかもしれない。

ARD 0130
ベートーヴェン『交響曲第9番ニ短調 Op.125「合唱」』
アルトゥーロ・トスカニーニ指揮、ブエノスアイレス・テアトロ・コロン劇場管弦楽団＆合唱団、ユディト・ヘドヴィヒ（ソプラノ）、リディヤ・キンダーマン（アルト）、ルネ・メゾン（テノール）、アレクサンダー・キプニス（バリトン）
音源：private tape
録音：1941年7月24日、ブエノスアイレス、ライヴ、モノラル

こんな痛快で面白い『幻想』はちょっとない、天才フレスティエの『幻想交響曲』

ルイ・フレスティエは1892年生まれ、ミュンシュやベームと同世代のフランス出身の指揮者。

20年ほど前にACCORDから『幻想交響曲』が発売になり、「ミュンシュ&パリ管弦楽団に並ぶ名演」とファンの間で大評判になって、「この指揮者はいったい誰?」と騒がれた。それがフレスティエだった。

いったい、フレスティエとは何者なのか。本当にすごい指揮者なのか?

フレスティエはまず作曲家として頭角を現し、1924年に発表した『パトリア』でロッシーニ賞を獲得すると、25年には『アドニスの死』でローマ大賞を受賞した。また、27年に書いた交響詩『ポリニケス』ではウジェル賞を得ている。天才だったのだろう。

その後、本格的に指揮活動を開始。1938年にはパリ・オペラ座の首席指揮者になり、第2次世界大戦後はニューヨークのメトロポリタン歌劇場の指揮者を務めたというからなかなかの経歴である。

だがそのフレスティエ、音楽を評価しようにも、まともに聴けるCDがほとんどなかった。話題になった『幻想交響曲』もあっという間に廃盤になってしまった。

ただ、あのダルレによるサン゠サーンスの『ピアノ協奏曲全集』の指揮者がこのフレスティエだった(本書「ないからアリアCDで作りました サン゠サーンス名曲ボックス4枚組み」)。半世紀たってもいまだにサン゠サーンス『ピアノ協奏曲全集』の最高の名演に挙げられるダルレの録音。あのバランスがいい洗練された味わいは、指揮者のフレスティエの持ち味でもあったのだ。

でもやはり、フレスティエの持ち味を味わえる交響曲録音が聴きたい。せめてあの『幻想交響曲』を再び聴きたい。そう思っていたのだが、今回晴れてその『幻想交響曲』を復刻することになった。

フレスティエの名をいまの世に知らしめた超名演。

快速でギュルギュル突っ走り、魅せるところは魅せ、聴かせるところは聴かせる。テンポを落とすところはどんな指揮者よりも落とす。終楽章も品よく暴れ回り、ラストの突進力は史上最強。まるで1900年代パリの狂乱のサロン音楽。洗練されているのに聴き応えがあるのだ。

こんな痛快で面白い『幻想』はちょっとない。「悪夢をみて目が覚めたらそこは地獄だった」というのがオスカー・フリートの『幻想』(AR 0061、「聴く際はどうかご覚悟を」、前掲『クラシック名盤復刻ガイド』165ページ)だったとしたら、「目が覚めたらすばらしい現実で、またがんばってやっていこう」と思わせてくれるのがこのフレスティエの『幻想』。

また音楽ファンのみなさんに紹介できるようになってうれしい。

ちなみにこれはオリジナル・フランス盤のステレオ。ステレオとモノラル録音の規格番号が同一で、モノラル録音はよく見かけるらしいが、マニアが探しているステレオ盤はあまり見ない。

ARD 0131
ベルリオーズ『幻想交響曲 Op.14』
ルイ・フレスティエ指揮、セント・ソリ管弦楽団
原盤：LE CLUB FRANCAIS DU DISQUE 119
録音：1957年、ステレオ

リヒター盤と並ぶ名演と称された フリッツ・ヴェルナーの『マタイ受難曲』

店主が愛するギーベルとバルヒェットが登場するバッハの『マタイ受難曲』である。店主がお墓にもっていくアルバムの一つ。ようやくアリア・レーベルとしてリリースするときがきた。

その演奏は実直で無心。

ヨーロッパの教会に迷い込んだら、たまたまそこで演奏されていた、そんな『マタイ受難曲』。

何かとてつもない精神世界を目指そうとか、神の世界を顕現せしめるとか、そういう演奏ではない。

カール・リヒターの『マタイ受難曲』に疲れたらこの録音を聴くといい、ともいわれる。そんな穏やかで心優しい演奏。

合唱の水準がかなり低いこともあって、一聴すると巷の「普通っぽい演奏」に聞こえるかもしれないが、その「普通」のように思える『マタイ受難曲』を生み出した人たちは「普通」ではない。

まず、ギーベルとバルヒェットという、音楽史上奇跡的に生まれた2人。

そして宗教曲からリートまで幅広くこなし、なかでもこのバッハの『マタイ受難曲』の「福音史家」を最も得意としたヘルムート・クレプス。

さらに演奏陣がすごい。フルートはジャン＝ピエール・ランパル、マクサンス・ラリューという偉大な2人。ピエール・ピエルロとジャック・シャンボンも登場する。ヴィオラ・ダ・ガンバのヨハネス・コッホはラウテンバッハーの『ロザリオ・ソナタ』で演奏していた人だし、オルガンはマリー＝クレール・アラン。そして録音があのアンドレ・シャルランである。

そういうとんでもない人たちが作り上げた、一聴すると「普通」に聞こえる無垢なる『マタイ受難曲』。でも、この演奏の最大の立役者は指揮者のフリッツ・ヴェルナーだと思う。

フリッツ・ヴェルナーは1898年生まれのドイツの指揮者で、ハイルブロンでハインリヒ・シュッツ合唱団を創設したことで知られる。宗教音楽の大家である。

その経歴を調べると、1936年にポツダムのニコライ教会のオルガニスト・カントル、39年にフランス・パリ放送局の音楽ディレクター、戦後の46年にハイルブロンのキリアン教会のオルガニスト・カントルを務める、となっている。

……いや、それはおかしいだろう。どうしてドイツの指揮者ヴェルナーが第2次世界大戦中のパリで音楽ディレクターをしているのだ?

それには訳があった。

兵役に召集されたヴェルナーは、ドイツ国防軍最高司令部に引き抜かれ、ナチス・ドイツが占領したフランスでドイツ国防軍のためにオルガン・コンサートを企画していたのである。占領地のパリの大聖堂で、ドイツ国防軍のためのコンサートを開催していたわけである。

……とすると、ここでトスカニーニがフルトヴェングラーに言ったとされるあの言葉が思い出される。

「ナチスが支配する奴隷の国ドイツで演奏しているあなたが、どうして自由の国で演奏するのか。そんなことは許されない」

そうしたらここでヴェルナーのために、フルトヴェングラーの反論を用いてこの言葉を投げ返すべきなのか。「音楽家にとっては、自由な国も奴隷の国もない。バッハが演奏される場所では人間は自由なはず」

実際、ここでヴェルナーは国防軍のためのコンサートにフランスの市民も参加できるように苦心したという。そして自らの危険を顧みず、捕虜になったフランスの音楽家をドイツから送還させることに尽力した。

彼は、ナチスにいわれるままにただ音楽を奏でていたわけではないのである。国境を超え、すべての人に平和の音楽を届けるために身を捧げていたのだ。

そんな人だったからこそ、フランスERATOは、戦後バッハの宗教曲の大規模録音を開始しようというときにヴェルナーに指揮を依頼したのだ。そしてそんな人だから、偉大なフランスの演奏家たちが、そしてバルヒェットやギーベルが集ったのだ。

終戦後逮捕されたヴェルナーはアメリカの捕虜になり、カンザス州のキャンプ・コンコルディアの収容所に1年半送られることになる。しかし、そこでも彼は音楽活動をおこない、合唱団を結成して教会での礼拝を企画し、収容者の仲間たちに音楽指導を施したという。

どんなときでも、どんなところでも、彼のそばには音楽と人が集まってきた。

この実直で無心で、かつ偉大な『マタイ受難曲』を残した指揮者は、そんな人だったのである。

1960年代には、リヒター盤と並ぶ名演と称された『マタイ受難曲』。

ERATOはヴェルナーにバッハ『宗教曲全集』録音を託し、その計画は進んでいたのだが、1977年の彼の死によってその計画は頓挫してしまう。

ヴェルナーはその後ほとんど忘れられてしまったが、2004年にWARNERがヴェルナーの録音をボックスで発売する。そのとき多くの音楽ファンが、これほど精神性の高いバッハが半世紀前に存在していたことをあらためて認識することになった。

ただ、そのボックスが廃盤になり、いままた彼の功績は忘れられようとしている。

ARD 999（3CD-R）
バッハ『マタイ受難曲BWV244』
フリッツ・ヴェルナー指揮、プフォルツハイム室内管弦楽団
ハイルブロン・ハインリヒ・シュッツ合唱団、ハイルブロン・ロベルト・マイヤー小学校少年合唱団、ヘルムート・クレプス（福音史家、テノール）、フランツ・ケルヒ（イエス、バス）、アグネス・ギーベル（ソプラノ）、レナーテ・ギュンター（アルト）、ヘルマン・ヴェルダーマン（バス）、ラインホルト・バルヒェット（ヴァイオリン）、ヨハネス・コッホ（ヴィオラ・ダ・ガンバ）、ジャン＝ピエール・ランパル、マクサンス・ラリュー（フルート）、ピエール・ピエルロ、ジャック・シャンボン（オーボエ、オーボエ・ダモーレ、オーボエ・ダ・カッチャ）、ハルトムート・ストレーベル、ゲルハルト・ブラウン（リコーダー）、マリー＝クレール・アラン（オルガン）
原盤：ERATO STE50006/9
録音：1958年10月、ヴァインスベルク、プロテスタント教会、ステレオ

あとがき

どこの誰とも知らない者に「生きろ」と言われても、なかなか「はい、そうですか」とはいかないと思うんです。

でも、いまよりも生きることがそうとう大変だった時代に、歯を食いしばって必死の思いで音楽を演奏していた人たちのエネルギーを感じると、「あ、自分もがんばろうかな」と思っていただけるんじゃないか。そんなことを考えて本書を出すことにしました。

今回紹介している音源はすべてアリアCDのショップで手に入れることができます（クラシック通販ショップ「アリアＣＤ」〔https://www.aria-cd.com/〕）。

でもほかのレーベルから出ているものもありますし、ネット上で無料で聴けるものもあるかもしれません。方法は何でもいいと思います。一曲でも多くの演奏に接していただければ。そしてそれによってみなさんの日常生活が、そして人生が、熱く生き生きしたものになることを心から願っています。

今回優しく叱咤激励してくれた青弓社の矢野恵二さん、そして多くの原盤を発掘してすばらしい復刻をしてくれたARD MOREのオーナーに、心から感謝します。

そして本書をいま手に取ってくださっているみなさま、本当にありがとうございます。

それではまた機会があったらお会いしましょう。ありがとうございました！

［著者略歴］
松本大輔（まつもと だいすけ）
1965年、愛媛県松山市生まれ。岡山大学法学部卒
WAVE 、HMVのクラシックバイヤー、店長を経て独立。アリアCD店主として現在に至る
著書に『面白いほどわかる！クラシック入門』『クラシック名盤復刻ガイド』『どっこいクラシックは死なない！』『まだまだクラシックは死なない！』『やっぱりクラシックは死なない！』『このNAXOSを聴け！』（いずれも青弓社）など

クラシック名盤復刻カタログ

発行 ——— 2024年6月25日　第1刷
定価 ——— 2000円＋税
著者 ——— 松本大輔
発行者 ——— 矢野未知生
発行所 ——— 株式会社青弓社
〒162-0801 東京都新宿区山吹町337
電話 03-3268-0381（代）
http://www.seikyusha.co.jp
印刷所 ——— 三松堂
製本所 ——— 三松堂

ISBN978-4-7872-7467-0　C0073